- 第1章｜記念日に行きたい特別な温泉宿
- 第2章｜リゾート派の施設充実型日帰り温泉
- 第3章｜東京の秘湯！島嶼部の温泉
- 第4章｜コスパ最高！東京の町なか温泉銭湯
- 番外編｜サウナが魅力の最新温浴リトリート

気軽に寄りたい温泉から
特別な日に行きたい温泉まで

東京湿泉ナビ
TOKYO ONSEN NAVIGATION

温泉研究家
渡部郁子
Ikuko Watanabe

パワー社

東京温泉の泉質と特徴について

東京の温泉

東京の温泉をめぐり始めて20年ほど経ちます。昔ながらの銭湯から、最新設備を備えた大型施設、大自然に囲まれた秘湯まで、東京には幅広いさまざまな温泉が点在しています。その魅力や素晴らしさを伝えたいという思いで活動を続けていますが、それでもなお「東京に温泉なんてあるの？」という声はまだまだ多く、私の発信が不足していることを痛感せずにはいられません。

2011年に東京の温泉を紹介する書籍を上梓してから十数年が経ち、東京の温泉ラインナップは当時と比べると大きく様変わりしました。この機に改めて、東京のステキな温泉をご紹介する機会に恵まれたことに感謝しつつ、より多くの方に「東京にはこんなにたくさん素晴らしい温泉があるんだ」と知っていただけるように、本書では100の温泉を厳選してラインナップしました。

この中からきっと、お気に入りの温泉を見つけていただけることと思います。どうぞ楽しみながら、ページをめくってみてください。

東京温泉の泉質と特徴

東京にある温泉の泉質は、大きく5つに分けられます。

泉質による分類でいうと、「塩化物泉」「炭酸水素塩泉」「硫黄泉」「単純温泉」「泉質名のない温泉」の5種類ですが、東京東部の「強塩温泉」と島嶼地域の「塩化物泉」は厳密に言うとまったく異なる由来であるため、東京温泉の性質としては6種類と考えています。

泉質の特徴を大まかに言うと、塩化物泉は「温まりの湯」、炭酸水素塩泉は「美肌の湯」、単純温泉と泉質名のない温泉は「やさしい湯」ですから、温まりたいとき、お肌をさっぱり洗い流したいとき、小さなお子さんや肌の弱い人の温泉デビューに、といったように目的別に選ぶことができます。ただし、それを選ばなければいけないというわけでは決してありません。

あくまでも、自分に合った温泉を見つける1つの手段として参考にしてみてください。

東京の黒いお湯

東京の温泉の特徴の1つである「黒湯」は、泉質で見ると炭酸水素塩泉、単純温泉、泉質名のつかない温泉……とさまざまですが、基本的にアルカリ性または弱アルカリ性で、炭酸水素イオンを含む温泉であることが多いです。全国的に見ても濃い黒色の湯は珍しく、初めて見る人に驚きをもたらします。

この黒さは「腐植質」によるものなので、分析書には数字として表れませんが、その濃さにはさまざまなグラデーションがあるので、東京の黒湯めぐりもぜひ楽しんでみてください。

pH値と溶存物質

温泉の分析書を見ると、「pH値」という項目があります。pH6～7.5が「中性」で、6未満が「酸性」、7.5以上が「弱アルカリ性」、8.5以上が「アルカリ性」に分類されています。

東京の温泉は、弱アルカリからアルカリ性の温泉が多いです。pH値が高いと、お湯に触れたときツルツルします。ツルツルする温泉は美肌効果があるのでうれしいのですが、浴槽が滑りやすいので注意しましょう。

もう1つ、分析書でぜひ確認してほしいのが「溶存物質」。多ければ濃い温泉ということになりますが、濃いほうがよいというわけではなく、濃い温泉は体への作用が大きいため湯疲れを引き起こすことがありますので注意しましょう。くれぐれも無理のない入浴で温泉を楽しんでくださいね。

本書の使い方

How to use this book

 書では東京都内にある温泉を有する旅館、宿泊施設、日帰り施設などをご紹介しています。
本書に記載している内容は、下記の通りです。

各施設ごとに名称、所在地、連絡先を記載しています。利用料金や休業日、サービス内容は変更になることがあるため、詳細は記載していません。施設の詳しい情報は、それぞれに掲載しているQRコードからウェブサイトでご確認ください。

第1章から番外編までの5つの章ごとにインデックスをつけています。

施設利用料金は、目安として価格帯を以下の6つのカテゴリーに分類して表示しています。
0・無料
1・銭湯料金（サウナ別）
2・一般的な日帰り温泉料金（入館料のみ）
3・施設充実日帰り温泉料金（入館料にタオル・館内着含む）
4・ビジネスホテル温泉宿泊料金
5・ラグジュアリー温泉宿泊料金

巻末に掲載施設の50音別のインデックスと、「23区」「多摩地域」「島嶼部(とうしょぶ)」に分けたマップ情報を記載しています。施設利用の際にぜひ活用ください。

温泉データ欄には、源泉名、泉質名、源泉温度、pH値、溶存物質（ガス性のものを除く）量を記載しています。数字は取材当時（2024年12月時点）のそれぞれの施設の最新の温泉分析書を確認し、掲載しています。

気軽に寄りたい温泉から特別な日に行きたい温泉まで

東京温泉ナビ CONTENTS
TOKYO ONSEN NAVIGATION

- **002** Prologue 東京温泉の泉質と特徴について
- **003** 本書の使い方

第1章 | 記念日に行きたい特別な温泉宿

ページ	施設名	泉質	備考
008	星のや東京	含よう素―ナトリウム―塩化物強塩温泉	
010	ザ・プリンス パークタワー東京	ナトリウム―塩化物強塩温泉	
012	Auberge TOKITO	ナトリウム―炭酸水素塩・塩化物温泉	
014	ラビスタ東京ベイ	ナトリウム―塩化物強塩温泉	運び湯
016	ONSEN RYOKAN 由縁 新宿	単純温泉	運び湯
018	由縁別邸 代田	単純温泉	運び湯
020	ホテル椿山荘 東京	単純温泉	運び湯
022	天然温泉 凌雲の湯 御宿 野乃浅草	ナトリウム―炭酸水素塩・塩化物冷鉱泉	
023	天然温泉 凌天の湯 御宿 野乃浅草 別邸	ナトリウム―炭酸水素塩・塩化物冷鉱泉	
024	天然温泉 七宝の湯 ドーミーイン PREMIUM 銀座	ナトリウム―炭酸水素塩冷鉱泉	運び湯
024	天然温泉 豊穣の湯 ドーミーイン池袋	ナトリウム―炭酸水素塩冷鉱泉	運び湯
025	亀島川温泉 新川の湯 ドーミーイン東京八丁堀	ナトリウム―塩化物冷鉱泉	
026	スーパーホテル Premier 銀座	ナトリウム・カルシウム―塩化物・硫酸塩温泉	運び湯
026	スーパーホテル Premier 池袋天然温泉	ナトリウム・カルシウム―塩化物・硫酸塩温泉	運び湯
027	スーパーホテル Premier 秋葉原	ナトリウム・カルシウム―塩化物・硫酸塩温泉	
028	スーパーホテル池袋西口天然温泉	ナトリウム・カルシウム―塩化物・硫酸塩温泉	運び湯
029	SPA&HOTEL 和	ナトリウム―炭酸水素塩・塩化物冷鉱泉	
030	亀の井ホテル 青梅	泉質名なし（フッ素・メタほう酸）	
031	東京・青梅石神温泉 清流の宿 おくたま路	単純硫黄温泉	運び湯
032	氷川郷麻葉の湯 三河屋旅館	泉質名なし（メタほう酸）	
033	奥多摩の風 はとのす荘	単純硫黄温泉、泉質名なし（メタほう酸）	
034	蛇の湯温泉たから荘	単純硫黄温泉	

- **036** Column-1 自分に合う温泉を見つけよう

第2章 | リゾート派の施設充実型日帰り温泉

ページ	施設名	泉質	備考
038	泉天空の湯 羽田空港	含よう素―ナトリウム―塩化物強塩温泉	
040	泉天空の湯 有明ガーデン	含ヨウ素―ナトリウム塩化物強塩温泉	
042	東京豊洲 万葉倶楽部	ナトリウム・カルシウム―塩化物・硫酸塩温泉、単純温泉	運び湯
044	東京・湯河原温泉 万葉の湯 町田	ナトリウム・カルシウム―塩化物・硫酸塩温泉	運び湯
045	SPA 大手町	含よう素―ナトリウム―塩化物強塩温泉	
046	東京ドーム天然温泉 Spa LaQua	含よう素―ナトリウム―塩化物強塩温泉	
048	テルマー湯 新宿店	ナトリウム・カルシウム―硫酸塩温泉	運び湯
050	東京染井温泉 SAKURA	含よう素―ナトリウム―塩化物強塩温泉	
052	前野原温泉 さやの湯処	含よう素―ナトリウム―塩化物強塩温泉	
054	豊島園庭の湯	含よう素―ナトリウム―塩化物強塩温泉	
056	THE SPA 西新井 大師の湯	含よう素―ナトリウム―塩化物強塩温泉	

058	大谷田温泉 明神の湯	含よう素―ナトリウム―塩化物強塩温泉	
060	天然温泉 平和島	含よう素―ナトリウム―塩化物強塩温泉	
061	荻窪天然温泉 なごみの湯	単純温泉	運び湯
062	高井戸天然温泉 美しの湯	含よう素―ナトリウム―塩化物強塩温泉	
064	THE SPA 成城	ナトリウム―塩化物・炭酸水素塩温泉	
066	深大寺天然温泉 湯守の里	ナトリウム―塩化物・炭酸水素塩温泉	
068	天然温泉 仙川 湯けむりの里	泉質名なし（メタけい酸）	
070	おふろの王様 花小金井店	ナトリウム―塩化物・炭酸水素塩	
071	名水天然温泉 SPADIUM JAPON	ナトリウム―塩化物・炭酸水素塩温泉	
072	稲城天然温泉 季乃彩	ナトリウム―塩化物・炭酸水素塩温泉	
074	多摩境天然温泉 森乃彩	ナトリウム―炭酸水素塩・塩化物温泉	
076	よみうりランド眺望温泉 花景の湯	ナトリウム―塩化物・炭酸水素塩温泉	
078	天然温泉 極楽湯 多摩センター店	ナトリウム―塩化物・炭酸水素塩温泉	
079	小平天然温泉 テルメ小川	ナトリウム―塩化物・炭酸水素塩温泉	
080	国立温泉 湯楽の里	ナトリウム―塩化物泉	
081	昭島温泉 湯楽の里	単純温泉	
082	竜泉寺の湯 八王子みなみ野店	単純温泉	
084	天然温泉 ロテン・ガーデン	ナトリウム―塩化物・炭酸水素塩温泉	
086	京王高尾山温泉 極楽湯	単純温泉	
088	河辺温泉 梅の湯	単純温泉	
090	秋川渓谷 瀬音の湯	単純温泉	
092	生涯青春の湯 つるつる温泉	単純温泉	
094	奥多摩温泉 もえぎの湯	泉質名なし（フッ素・メタほう酸）	
095	檜原温泉センター 数馬の湯	単純温泉	

096 Column-2 温泉分析書を見てみよう

第3章 | 東京の秘湯！ 島嶼部（とうしょぶ）の温泉

098	伊豆大島 大島温泉ホテル	単純温泉
099	大島温泉 元町浜の湯	ナトリウム―塩化物温泉
100	湯の浜露天風呂	ナトリウム―塩化物強塩温泉
100	まました温泉	ナトリウム―塩化物強塩温泉
100	地鉈温泉	ナトリウム―塩化物強塩温泉
101	足付温泉	分析書なし
101	松が下雅湯	ナトリウム―塩化物強塩温泉
101	神津島温泉保養センター	ナトリウム―塩化物強塩温泉
102	ふるさとの湯	ナトリウム―塩化物強塩温泉
102	樫立向里温泉 ふれあいの湯	ナトリウム―塩化物強塩温泉
102	裏見ヶ滝温泉	ナトリウム―塩化物強塩温泉
103	中之郷温泉 やすらぎの湯	ナトリウム―塩化物温泉
103	末吉温泉 みはらしの湯	含よう素―ナトリウム―塩化物強塩温泉
103	洞輪沢温泉	カルシウム・ナトリウム―炭酸水素塩・塩化物・硫酸塩温泉

104 Column-3 温泉は本当に体に良いの？／**Column-4** 温泉の美肌効果

第4章 | コスパ最高！ 東京の町なか温泉銭湯

| 106 | 天然温泉 湯どんぶり栄湯 | 泉質名なし（メタけい酸） |

106	御谷湯	泉質名なし（メタけい酸）	
106	押上温泉 大黒湯	泉質名なし（メタけい酸）	
107	深川温泉 常盤湯	ナトリウム―塩化物冷鉱泉	
107	鶴の湯	泉質名なし（メタけい酸）	
107	乙女湯温泉	泉質名なし（メタけい酸）	
108	麻布黒美水温泉 竹の湯	ナトリウム―炭酸水素塩冷鉱泉	
108	第一金乗湯	泉質名なし（メタけい酸）	
108	ときわ健康温泉	泉質名なし（メタけい酸）	
109	天然温泉 久松湯	含よう素―ナトリウム―塩化物強塩温泉	
109	ぽかぽかランド鷹番の湯	泉質名なし（メタけい酸）	
109	渋谷笹塚温泉 栄湯	泉質名なし（メタけい酸）	
110	ゆ家 和ごころ 吉の湯	ナトリウム―炭酸水素塩冷鉱泉	運び湯
110	武蔵小山温泉 清水湯	含よう素―ナトリウム―塩化物強塩温泉、泉質名なし（メタけい酸・重炭酸そうだ）	
111	北品川温泉 天神湯	ナトリウム―炭酸水素塩冷鉱泉	
111	戸越銀座温泉	ナトリウム―炭酸水素塩冷鉱泉	
111	中延温泉 松の湯	泉質名なし（メタけい酸）	
112	月見湯温泉	泉質名なし（メタけい酸、フェロ、フェリイオン）	
112	調布弁天湯	泉質名なし（メタけい酸）	
112	COCOFURO ますの湯	泉質名なし（重炭酸そうだ）	
113	久が原湯	ナトリウム―炭酸水素塩冷鉱泉	
113	桜館	ナトリウム―炭酸水素塩冷鉱泉	
113	照の湯	ナトリウム―炭酸水素塩・塩化物冷鉱泉	
114	ヌーランドさがみ湯	ナトリウム―炭酸水素塩冷鉱泉	
114	第一相模湯	ナトリウム―塩化物・炭酸水素塩冷鉱泉	
114	はすぬま温泉	ナトリウム―塩化物・炭酸水素塩冷鉱泉	
115	改正湯	ナトリウム―炭酸水素塩冷鉱泉	
115	ゆ〜シティ蒲田	ナトリウム―炭酸水素塩冷鉱泉	
115	蒲田温泉	ナトリウム―炭酸水素塩・塩化物冷鉱泉	

116 **Column-5** 人生を変えた思い出の温泉

番外編 | サウナが魅力の最新温浴リトリート

118	SORANO HOTEL	一部温泉を使用（ナトリウム―塩化物・炭酸水素塩温泉）
120	TOTOPA 都立明治公園店	温泉ではない
121	テルマー湯 西麻布店	温泉ではない
121	タイムズ スパ・レスタ	温泉ではない
121	YUURO Bath-Living Hotel Ryogoku	温泉ではない
122	両国湯屋 江戸遊	温泉ではない

124 **Column-6** 中央温泉研究所研究員と温泉研究家の温泉対談
126 **TOKYO ONSEN MAP** 東京都区部／多摩地域／島嶼部
131 50音別インデックス
134 **Epilogue** あとがき
135 温泉ナビゲーター養成講座のご案内

Chapter-1

第 1 章
記念日に行きたい特別な温泉宿

都内には、一生に一度の体験となるような、特別な温泉宿があります。
自分へのご褒美に、大切な人との特別な記念日に、
またはラグジュアリーな旅を彩る宿として、東京の温泉宿に泊まってみませんか?

- 星のや東京
- ザ・プリンス パークタワー東京
- Auberge TOKITO
- ラビスタ東京ベイ
- ONSEN RYOKAN 由縁 新宿
- 由縁別邸 代田
- ホテル椿山荘 東京
- 天然温泉 凌雲の湯 御宿 野乃浅草
- 天然温泉 凌天の湯 御宿 野乃浅草 別邸
- 天然温泉 七宝の湯 ドーミーインPREMIUM銀座
- 天然温泉 豊穣の湯 ドーミーイン池袋
- 亀島川温泉 新川の湯 ドーミーイン東京八丁堀
- スーパーホテルPremier銀座
- スーパーホテルPremier池袋天然温泉
- スーパーホテルPremier秋葉原
- スーパーホテル池袋西口天然温泉
- SPA&HOTEL 和
- 亀の井ホテル 青梅
- 東京・青梅石神温泉 清流の宿 おくたま路
- 氷川郷麻葉の湯 三河屋旅館
- 奥多摩の風 はとのす荘
- 蛇の湯温泉たから荘

【千代田区】

星のや東京
(ほしのやとうきょう)

☎ 050-3134-8091
📍 千代田区大手町1-9-1

塔の最上階に位置する温泉大浴場。内湯エリアに続く露天エリアからは東京の空が見える。

東京の中心地にある「塔の日本旅館」最上階で大手町温泉に浸かる幸せ

　大手町駅から直通、東京駅からもわずか徒歩10分という「東京の中心」に位置する温泉旅館。星野リゾートでも最上級のブランドを冠して、世界的なホテルランキングにその名を連ねる、日本を代表する宿泊施設です。

　敷地内から湧き出す温泉は「大手町温泉」と名付けられ、高くそびえる塔の最上階である17階の大浴場に注がれています。ほんのりと茶色に色づく黒湯がとうとうと湯舟を満たし、その水音を聞きながら露天エリアに出れば、東京の上空を流れる風の音が心地よく聞こえてきます。まさに、極上の体験。

　泉質は「強」がつくほどの塩化物泉。塩分を多く含むため、体を芯から温めます。少し強めの温泉なので、長湯はあまりおすすめしません。宿泊者限定の温泉だからこそ、滞在中は何度も回数を分けて、移ろいゆく空の色や雲の形を愛でながら、湯の心地よさを満喫してください。

　温泉の湯で体を外側から癒やしたら、次は食事で体の内側から整えましょう。星のや東京に宿泊するべきもう1つの理由が、ダイニングでの独創的なディナーコースです。総料理長の岡亮佑氏が手掛けるコース料理は、ひとくちごとに驚きと喜びがあふれてくる至福のひとときをもたらします。

　また、客室のある各階には専用の「お茶の間ラウンジ」が設けられ、畳敷きのセミプライベートスペースで思い思いの時間を過ごすことができます。とっておきの記念日に大切な人と訪れてみませんか。

大浴場の内湯エリアは洞窟のような静けさ。

各階に設けられている「お茶の間ラウンジ」。
季節のしつらえとともにお茶やお菓子を楽しめる空間。

客室「菊」は83㎡の角部屋で広々としたつくり。
ツインまたはトリプルで利用できる。

ダイニングの料理の一例。

ONSEN DATA

［源泉名］大手町温泉
［泉　質］含よう素―ナトリウム―塩化物強塩温泉
［源泉温度／pH値］36.5℃／7.48（中性）
［溶存物質（ガス性のものを除く）］27.14g/kg

星のや東京　009

芝公園の地下1,600mから届いた淡黄褐色の温泉はよく温まる塩化物泉。

【港区】

ザ・プリンス パークタワー東京

- 03-5400-1111
- 港区芝公園4-8-1

東京の特等席！芝公園に湧き出る温泉で身をゆだねる至福の時

　東京タワーを真横に携え、増上寺と芝公園に隣接する「ザ・プリンス パークタワー東京」は、緑に囲まれたラグジュアリーホテル。プリンスホテル系列のフラッグシップブランドとして、「ここにしかない、豊かで格別な時間」を提供しています。

　地下2階にあるスパ＆フィットネスには、天然温泉の大浴場があります。芝公園の地下から汲み上げた温泉は湯舟を淡黄褐色に満たします。都内特有の濃い塩化物泉で、よく温まる温泉です。

　スパ＆フィットネスは会員エリアであり、宿泊者の中でもプランによって、無料または有料での利用となります。一般外来での利用はできないため、宿泊するならぜひ入浴してみてください。

　スパ＆フィットネスエリアには、インドアプールがあり、フィットネスマシンも豊富。近くに住んでいたらきっと、日常的に運動と温泉を楽しめる場所として、会員登録したくなるはずです。

　温泉のほかに「ザ・プリンス パークタワー東京」の魅力といえば、なんといっても間近に眺める東京タワーの夜景。タワービューのルームやクラブラウンジから、敷地内にある庭園「プリンス芝公園」からも絶景が広がります。

　また、最上階に位置するレストランからは、レインボーブリッジや東京湾、遠く富士山の眺望が楽しめます。夕暮れ時に、くっきりと浮かぶ富士山のシルエットを見ながら、大切な人と美味しい食事を楽しむ絶好のスポットです。

窓からのやわらかな陽の光が美しい、開放感あふれるインドア温水プール。
スイミングやウォーキングなど、気軽に利用できます。

東京タワーを眺める絶好の「特等席」は、記憶に残したい大切な滞在におすすめ。

大浴場にある遠赤外線サウナは低めの温度で
深部まで温めます。

ONSEN DATA

［源泉名］大手町温泉
［泉　質］ナトリウム―塩化物強塩温泉
［源泉温度／pH値］34.3℃／7.5（中性）
［溶存物質（ガス性のものを除く）］19.475g/kg

【立川市】

Auberge TOKITO
オーベルジュ と き と

☎ 042-525-8888
📍 立川市錦町1-24-26

限定4室の客室すべてに配された露天風呂。大きな湯舟に薄茶色の源泉がかけ流しで注がれ、プライベートな入浴を楽しめます。

美しく新しい日本を描くオーベルジュで4室限定の温泉を楽しむ

立川駅から車で10分、西国立駅から徒歩1分。都心から離れたこの場所に2023年4月に誕生した「Auberge TOKITO」は、食房と茶房、宿房を備えた、食を中心とした温泉のあるオーベルジュです。

老舗料亭「無門庵」の跡地に残された歴史的建物の一部と庭園を承継し、核となる食房では日本の食の豊かさを味わう〝とき〟を、茶房では茶をめぐる特別な〝とき〟を提供。宿房は4室のみで、すべて100㎡前後の贅沢な広さ。また、4室すべてに地下1,300mから届くかけ流しの温泉露天風呂を備えています。

薄茶色の源泉が大きな湯舟を満たし、ほのかな香りを漂わせています。泉質は、重曹成分で肌をすっきりと洗い流す炭酸水素塩泉と、その後しっかり肌を保温する塩化物泉の効果を兼ね備えた美肌の湯。季節を問わずゆっくり浸かって、全身を包まれる心地よさを思う存分楽しんでください。

総合プロデューサーで総料理長の石井義典氏は、世界的なキャリアを持つ料理人。素材への徹底したこだわりと、料理をひきたてる器をも自ら手掛け、新しい世界観を表現しています。

総料理長自ら器も手掛ける渾身のひとさら。
食房でいただくコース料理の一例。

宿房の朝食例。古代米の烏骨鶏粥と、香草、薬味、漬物など
滋味深い食材を一緒にいただき体の中からリフレッシュ。

中庭を望む食房は「アルティザン・キュイジーヌ」を
コンセプトにしたコース料理を提供するホール席。

地下1,300mから届く源泉は薄茶色。
炭酸水素温泉のクレンジング効果で肌スッキリ。

障子や土壁など日本文化を肌で感じることができる客室。
厳選した寝具はメタルフリーのスプリングを採用しています。

ONSEN DATA

［源泉名］やすらぎの湯
［泉　質］ナトリウム―炭酸水素塩・塩化物温泉
［源泉温度／pH値］37.2℃／7.9（弱アルカリ性）
［溶存物質（ガス性のものを除く）］1.966g/kg

Auberge TOKITO 013

男湯の露天風呂からはレインボーブリッジほか、東京湾らしい景観が楽しめます。

【江東区】

ラビスタ東京ベイ

☎ 03-5548-2003
📍 江東区豊洲6-4-40

夜はきらめく海と夜景
昼は開放的な露天風呂
進化する豊洲スタイル

　La Vistaとはスペイン語で「眺望」「絶景」を意味する言葉。「ラビスタ東京ベイ」は、市場移転により進化を続ける豊洲の街で、温泉滞在を楽しめるホテルです。

　駅直結でアクセス抜群。ホテル目の前には、江戸の街並みを再現した複合施設「千客万来」があり、その周りを囲むように豊洲市場が広がっています。新鮮な海鮮の高級グルメから、食べ歩きが楽しいB級グルメ、珍味に地の酒、デザートも豊富。豊洲は銀座まで15分の好立地でもあり、東京中心地の観光を楽しみたい人に、とくにおすすめします。

　ホテル最上階にある大浴場は、東京湾とビル群を臨む絶景が魅力です。内湯エリアには三郷から届く天然温泉を使用。泉質は、溶存物質が豊富な塩化物泉でよく温まります。

　温泉大浴場のほか、屋内プールやジムがあるので、アクティブな滞在が可能。また、最上階スカイバーでは、都内の夜景を眺めながらお酒やソフトドリンクを楽しめます。定番の「夜鳴きそば」や「湯上りサービス」などのうれしい無料サービスのほか、旬の海鮮を含む90種類以上の食材が並ぶバイキング形式の朝食など、食事の満足度の高さも魅力です。

女湯の露天風呂、内湯からは晴海方面の都会ならではの見事な夜景が広がります。

ラビスタツインは客室のプライベートバスつき。
パノラマの絶景が望めます。

最上階にある屋内プールは中学生以上。
先着順で利用できます。ジャグジーも完備。

朝食は和洋取りそろえたバイキングスタイル。

ONSEN DATA

[源泉名] 湯快爽快 三郷温泉
[泉　質] ナトリウム―塩化物強塩温泉
[源泉温度／pH値] 38.5℃／7.3（中性）
[溶存物質（ガス性のものを除く）] 20370mg/kg

最上階に位置する大浴場の露天風呂。お湯に浸かるとちょうど目の高さの視界が開けます。
（撮影：ナカサアンドパートナーズ）

【新宿区】

ONSEN RYOKAN 由縁 新宿
おんせん りょかん ゆえん しんじゅく

📞 03-5361-8355
📍 新宿区新宿5-3-18

新宿の街並みを一望する地上18階の露天風呂で箱根の温泉に身を包む極上の湯浴み

新宿御苑前駅または新宿三丁目駅から徒歩8分。「ONSEN RYOKAN 由縁 新宿」は、「由縁」シリーズの最初に立ち上がった温泉旅館です。

新宿という地で、日本のおもてなし文化を凝縮し、簡素で無駄のない構成、静かさと落ち着きのある空間、そぎ落とした美しさ、五感で四季を感じるといった、新たな旅館の過ごし方を体感できる宿として、2019年のオープン以来、国の内外から人気を集めてきました。

地上18階に位置する大浴場の露天風呂には、箱根から運ばれてくる「芦ノ湖温泉」が注がれています。アルカリ度が高く、肌をつるつるに仕上げる箱根の「美肌の湯」に浸かりながら、都会の街並みを広く見渡すことができるため、思わず時間が経つのを忘れる人も多いのではないでしょうか。実は、長湯にぴったりのやさしい泉質でもあります。ぜひ滞在中に何度でも、温泉に身を包んで過ごしてみてはいかがでしょうか。

大浴場の内湯は大きな窓から新宿の街並みが一望。ゆっくり入浴を楽しめます。※内湯は温泉ではありません。

コンパクトで無駄のない部屋のつくり。
窓からのぞく新宿の街並みは、日中と夜で、
部屋の印象も大きく変えます。
（撮影／ナカサアンドパートナーズ）

レストラン「夏下冬上」の朝食「御膳」は
宿泊者のみ利用可能。

ONSEN DATA

［源泉名］芦ノ湖温泉つつじの湯
［泉　質］単純温泉
［源泉温度／pH値］27.4℃／8.9（アルカリ性）
［溶存物質］241mg／kg

箱根から運ばれてくる芦ノ湖温泉を満たした露天風呂。

【世田谷区】

由縁別邸 代田
（ゆえんべっていだいた）

☎ 03-5431-3101
📍 世田谷区代田2-31-26

茶業で栄えた代田の地で芦ノ湖から運ぶ温泉と茶寮で味わう極上の美味

田急線「世田谷代田」駅東口を出ると、目の前に現れる「由縁別邸 代田」の建物。緑あふれる閑静な住宅街で、里山のくつろぎを提供する温泉旅館です。

露天風呂を満たす温泉は、箱根・芦ノ湖から運ばれる美肌の湯。アルカリ度が高く、肌をさらりと仕上げます。露天エリアはヒバの芳醇な香りがあふれ、深い癒やし効果が得られます。中庭を望む内湯も、つい長湯したくなる心地よさです。

入浴と茶寮の日帰りプランは、時間指定の完全予約制です。茶師十段監修の日本茶や利き酒師選りすぐりの日本酒にあわせて、甘味または前菜から選ぶ軽食がセットになっています。

夕食やSPAと入浴をセットにした日帰りプランもあるので、大切な人と過ごす特別な時間や、自分だけのご褒美タイムにおすすめです。

朝食は炊き立てご飯に焼きたての旬魚。夕食は和食一筋の料理人が選ぶ季節の食材を使った会席料理で、和食の伝統と美味しさとなつかしさを存分に堪能してください。

中庭を望む内湯は開放感があり、時間が経つのを忘れてしまうほどの心地よさ。※内湯は温泉ではありません。

客室は離れ含む36室。（撮影：ナカサアンドパートナーズ）

ロビーは落ち着いた和の空間。
（撮影：ナカサアンドパートナーズ）

おつまみで人気の「本日の前菜三種盛り合わせ」。

ONSEN DATA

[源泉名] 芦ノ湖温泉つつじの湯
[泉　質] 単純温泉
[源泉温度／pH値] 27.4℃／8.9（アルカリ性）
[溶存物質（ガス性のものを除く）] 241mg/kg

由縁別邸 代田　019

第1章｜記念日に行きたい特別な温泉宿
第2章｜リゾート派の施設充実型日帰り温泉
第3章｜東京の秘湯！島嶼部の温泉
第4章｜コスパ最高！東京の町なか温泉銭湯
番外編｜サウナが魅力の最新温浴リトリート

SPAエリアのロッカールームからつながる大浴場。
伊東から直送される天然温泉が注がれています。

歴史あるホテルの格調高いエントランスがお出迎え。

【文京区】

ホテル椿山荘東京
ちんざんそうとうきょう

☎ 03-3943-1111
📍 文京区関口2-10-8

スパエリアを華やかに彩る全天候型プール。
開閉式の天井からは自然光が差し込みます。
※プールは温泉ではありません。

歴史上の人物とも深くかかわる歴史あるラグジュアリーホテルのスパエリアで浸かる名湯

四　季折々の美しさを彩る広大な庭園を持ち、深い歴史を刻んできた「ホテル椿山荘東京」は、ウェディングやお祝いの場としても知られる都内屈指のラグジュアリーホテルです。

　プールやフィットネスジムを有するホテルスパ「悠 YU, THE SPA」には、伊東から直送される名湯を堪能できる温泉浴場があります。宿泊者、スパ会員、トリートメントのお客さまだけが利用できる専用のスパエリアは、自然光が差し込む開閉式の天井を備え、南国のような雰囲気。心弾むウェルネスタイムを過ごせる空間です。

　浴室に入ると、豊かな檜の香りとほのかな温泉の香りに包まれます。伊東から届く透明な温泉は硫酸イオンを多く含むため、肌のうるおいを保つ美肌の湯の特徴を持つやさしい単純温泉であり、アルカリ度が高いクレンジング効果のある泉質で、肌をすっきりと仕上げます。機会があればぜひ一度、東京の一等地で伊東の名湯に浸かってみてください。

スパエリア専用のラウンジは運動後の休憩や待ち合わせにぴったり。

緑深い庭園では、四季折々のイベントを開催。7つの季節で楽しむ「東京雲海」や初夏の「ほたるの夕べ」が人気です。

ONSEN DATA

［源泉名］岡温泉
［泉　質］単純温泉
［源泉温度／pH値］55.0℃／8.4（弱アルカリ性）
［溶存物質（ガス性のものを除く）］0.794g/kg

ホテル椿山荘東京

第1章 記念日に行きたい特別な温泉宿
第2章 リゾート派の施設充実型日帰り温泉
第3章 東京の秘湯！島嶼部の温泉
第4章 コスパ最高！東京の町なか温泉銭湯
番外編 サウナが魅力の最新温浴リトリート

レトロな雰囲気が魅力の大浴場。

【台東区】

天然温泉 凌雲の湯
御宿 野乃浅草

📞 03-5830-0510
📍 台東区浅草2-7-20

4

日本最古の遊園地 花やしきの目の前に建つ 東京らしい黒湯の宿

台東区浅草にある「天然温泉 凌雲の湯 御宿 野乃浅草」は、和風プレミアムのビジネスホテルです。浅草の「花やしき」目の前にあり、系列店の「別邸」からも近い場所にあります。

昔、この地にあった温泉銭湯の源泉「浅草観音温泉」を引き継いだ湯は、東京らしさを感じさせる由緒ある黒湯系統の炭酸水素塩泉。肌をなめらかに仕上げ、湯上り後の保温効果が持続します。大きな内湯と外湯のつぼ風呂、男湯は高温ドライサウナに水風呂、女湯はミストサウナがあり、宿泊施設でありながらさまざまな湯浴みを堪能できるつくりです。

全室畳敷の和風の部屋に、サータ社製ベッドを採用。地域のご当地料理の朝食など、ビジネス利用者にも旅行者にも評価が高く、人気があります。

つぼ湯は外気を感じる心地よい空間です。

ONSEN DATA

［源泉名］浅草観音温泉
［泉 質］ナトリウム―炭酸水素塩・塩化物冷鉱泉
［源泉温度／pH値］18.9℃／8.4（弱アルカリ性）
［溶存物質（ガス性のものを除く）］1.449g/kg

男湯の内湯は浅草寺の街並みが描かれた大きな絵図が楽しめます。

【台東区】

天然温泉 凌天の湯
御宿 野乃浅草別邸
（てんねんおんせん りょうてんのゆ おんじゅく ののあさくさべってい）

📞 03-5830-0130
📍 台東区浅草2-7-26

4

浅草駅から徒歩4分
浅草寺そばで
東京らしい黒湯を楽しむ

台東区浅草にある「天然温泉 凌天の湯 御宿 野乃浅草別邸」は、2024年1月にオープンした和風プレミアムのビジネスホテルです。観光に便利な浅草の浅草寺そばにあり、大浴場で天然温泉を楽しめるのが魅力です。

温泉の源泉やジェットバス、つぼ風呂のほか、セルフロウリュのサウナにチラー付きの水風呂を備え、より「ととのいたい人」向き。そして、浴室に描かれた大きな絵図が旅の気分を盛り上げてくれます。

「御宿 野乃浅草別邸」は、デラックストリプル、ユニバーサルルームなど広めの部屋があり、ビジネス利用者にも旅行者にも評価が高く、人気があります。東京出張や東京観光の際の選択肢としておすすめです。ぜひ利用してみてください。

高温サウナはセルフロウリュつき。水風呂もあります。

ONSEN DATA

［源泉名］浅草観音温泉
［泉　質］ナトリウム—炭酸水素塩・塩化物冷鉱泉
［源泉温度／pH値］18.9℃／8.4（弱アルカリ性）
［溶存物質（ガス性のものを除く）］1.449g/kg

女性浴室の内湯。黒湯がなみなみと注がれています。

【中央区】

天然温泉 七宝の湯
ドーミーインPREMIUM銀座

📞 03-6226-5489
📍 中央区銀座6-16-8

東銀座駅から4分 千葉県からの運び湯で 旅の疲れを癒やす温泉宿

東 銀座駅と新橋駅の間に位置するこの宿は、ドーミーインのハイエンドブランドです。地下1階に大浴場が設けられ、千葉県匝瑳市から届く運び湯の黒湯が湯舟を満たしています。泉質はクレンジング効果の高い炭酸水素塩泉。色の濃い黒湯の温泉が肌の汚れを洗い流してすっきりと仕上げます。

檜の露天風呂つき和風スーペリアルームや、ユニバーサルルームなどがあります。

ONSEN DATA

[源泉名] 七宝の湯（※八日市場温泉あ・うんの湯）
[泉　質] ナトリウム―炭酸水素塩冷鉱泉
[源泉温度／pH値] 18.3℃／8.3（弱アルカリ性）
[溶存物質（ガス性のものを除く）] 2.771g/kg

【豊島区】

天然温泉 豊穣の湯
ドーミーイン池袋

📞 03-5956-5489
📍 豊島区東池袋3-11-11

アニメや家電が集まる街で 拠点になる温泉宿

池 袋エリアで唯一の黒湯温泉を提供する宿泊施設です。最上階である15階に大浴場が設けられ、空を見上げる露天風呂など、開放的な雰囲気が魅力。千葉県匝瑳市から届く運び湯の黒湯と、テレビ付高温サウナにチラー付き水風呂。

　大浴場にはドリンクサーバーがあり、アクエリアスとリアルゴールドが備わっています

東京の夜空を見上げる露天風呂。

男湯の内湯にある大きな温泉浴槽。ゆったりと入浴できます。

【中央区】

亀島川温泉 新川の湯
ドーミーイン東京八丁堀

📞 03-5541-6700
📍 中央区新川2-20-4

江戸の下町文化が残る八丁堀で楽しむ自家源泉 都会の喧騒も魅力の宿

亀島川のほとり、敷地内から汲み上げる自家源泉を持つ、湯治場のような宿泊施設です。

2階につくられた大浴場は温泉情緒にあふれ、岩風呂や外気を感じるスペースもあり、ゆっくりと温泉を楽しめます。よく温まる塩化物泉で、湯舟を満たすお湯は金色に輝きます。遠くに聞こえる都会の喧騒もお湯を楽しむBGMとなり、時のたつのを忘れてゆっくり過ごしたくなる風情があります。

女性大浴場の外湯にはつぼ湯があります。

ONSEN DATA

[源泉名] 亀島川温泉
[泉　質] ナトリウム―塩化物冷鉱泉
[源泉温度／pH値] 19.4℃／7.1（中性）
[溶存物質（ガス性のものを除く）] 4.949g/kg

女性浴室の内湯。最上階にあり、夜は星空が楽しめます。

ONSEN DATA

[源泉名] 豊穣の湯（※八日市場温泉あ・うんの湯）
[泉　質] ナトリウム―炭酸水素塩冷鉱泉
[源泉温度／pH値] 18.3℃／8.3（弱アルカリ性）
[溶存物質（ガス性のものを除く）] 2.771g/kg

ドーミーイン：天然温泉 七宝の湯／天然温泉 豊穣の湯／亀島川温泉 新川の湯

【中央区】

スーパーホテル
Premier銀座
<small>プレミアぎんざ</small>

📞 03-4411-9000
📍 中央区銀座3-11-15

4

温泉は、体を温め肌をうるおす湯河原の名湯です。

東京の中心で
奥湯河原の温泉を楽しむ
プレミア体験の宿

東 京の中心地にありながら、奥湯河原の運び湯を堪能できることに加えて、東銀座駅から徒歩3分、複数の駅からアクセスできる立地の良さが魅力です。大浴場は広く開放的。湯河原から届く源泉は、よく温まる塩化物泉と、肌を若返らせる硫酸塩泉の2つの泉質を併せ持つ美肌の湯です。

ハリウッドツインルームは定員1〜4名のお部屋。

ONSEN DATA

[源泉名] 湯河原温泉
[泉　質] ナトリウム・カルシウム―塩化物・硫酸塩温泉
[源泉温度／pH値] 57.5℃／8.5（弱アルカリ性）
[溶存物質（ガス性のものを除く）] 1.457g/kg

【豊島区】

スーパーホテル
Premier池袋天然温泉
<small>プレミアいけぶくろてんねんおんせん</small>

📞 03-5953-9003
📍 豊島区池袋2-64-6

4

女性に寄り添う部屋が魅力
池袋駅至近の立地で
奥湯河原の温泉に浸かる

池 袋西口（北）から徒歩6分の「Premier池袋天然温泉」は、女性におすすめの温泉ホテルです。4階の女性専用フロアには、最新の美容アイテムを備えたレディースルームやパウダールームなど、うれしいポイントが豊富。健康と環境に配慮したこのホテルは、訪れた人を元気にしてくれます。

ツインルームは4名まで利用可。

【千代田区】

スーパーホテル
Premier秋葉原
(プレミアあきはばら)

☎ 03-6671-9000
📍 千代田区神田須田町2-25-8

便利な立地で、湯河原の名湯を楽しめます。

神田川沿いの歴史ある街で美肌の湯に浸かる都会ならではの楽しみ

秋葉原駅の南側、神田川沿いに立つ「Premier秋葉原」は、神田から神保町に続く本の街にほど近く、個性豊かな書物やアートに出会える場所にあります。

プレミアブランドでは、身体が喜ぶとっておきの朝食を有料で提供しています。

朝にやさしいお味噌汁とオーガニックサラダの朝食例。

ONSEN DATA

[源泉名] 湯河原温泉
[泉　質] ナトリウム・カルシウム―塩化物・硫酸塩温泉
[源泉温度／pH値] 57.5℃／8.5（弱アルカリ性）
[溶存物質（ガス性のものを除く）] 1.457g/kg

大きな湯舟が広がる大浴場。温泉は、湯河原の名湯です。

ONSEN DATA

[源泉名] 湯河原温泉
[泉　質] ナトリウム・カルシウム―塩化物・硫酸塩温泉
[源泉温度／pH値] 57.5℃／8.5（弱アルカリ性）
[溶存物質（ガス性のものを除く）] 1.457g/kg

スーパーホテルPremier：銀座／池袋天然温泉／秋葉原

【豊島区】

スーパーホテル
池袋西口天然温泉
（いけぶくろにしぐちてんねんおんせん）

📞 03-5911-9000
📍 豊島区池袋2-14-1

大浴場を満たす湯は、湯河原の名湯。
体を温め、肌をうるおす美肌の湯です。

池袋西口に新オープン！
駅近でアクセス抜群の
シティ派温泉ホテル

池袋駅西口でリニューアルした「スーパーホテル池袋西口天然温泉」は、池袋駅C1b出口から徒歩0分という好立地の温泉宿泊施設です。

前ページ、ほかの3施設は朝食が別料金となる旅行者向け「プレミア」シリーズですが、こちらはビュッフェ式の無料朝食付き。種類豊富なドリンクを無料で提供するウェルカムバーは15〜19時まで。

最新の美容アイテムを備えたレディースルームのほか、2階建てベッドで快適な空間が魅力のファミリールームもあり、家族やグループにおすすめです。

新館のファミリールームは2段ベッドにユニットバスつき。

ONSEN DATA

[源泉名] 湯河原温泉
[泉　質] ナトリウム・カルシウム—塩化物・硫酸塩温泉
[源泉温度／pH値] 57.5℃／8.5（弱アルカリ性）
[溶存物質（ガス性のものを除く）] 1.457g/kg

黒湯の色の濃さが特徴。弱アルカリ性のなめらかな温泉です。ジャグジーやサウナも。

【大田区】

SPA＆HOTEL 和
（スパ アンド ホテル なごみ）

☎ 03-5710-2222
📍 大田区西蒲田7-4-12 4F

4

貸し切りの家族風呂で温泉を独り占めできる黒湯の聖地、蒲田の温泉

　JR線・東急線「蒲田」駅から徒歩2分。多くのビジネスホテルが立ち並ぶ蒲田駅周辺で、温泉を提供する「HOTEL＆SPA和」は、宿泊施設でもあり、日帰り温泉施設としても人気です。東京の黒湯の中でも際立って色が濃いのが特徴です。黒湯の泉質は、重曹成分を含む美肌の湯。肌をすっきりと洗い流し、なめらかに仕上げます。

　部屋で温泉を楽しめる家族風呂つきの部屋があるので、温泉をプライベートで利用したい人や小さなお子さんを連れたご家族におすすめです。

宿泊が可能な黒湯温泉つきの家族部屋もあります。

ONSEN DATA

［源泉名］弘城温泉
［泉　質］ナトリウム―炭酸水素塩・塩化物冷鉱泉
［源泉温度／pH値］18.0℃／8.4（弱アルカリ性）
［溶存物質（ガス性のものを除く）］1.338g/kg

大浴場の窓からは青梅の豊かな自然が一望できます。

【青梅市】

亀の井ホテル 青梅
かめい　　　　　　おうめ

4

☎ 0428-23-1171
📍 青梅市駒木町3-668-2

青梅の街と豊かな自然 pH9.9の天然温泉と 四季の移ろいを楽しむ宿

　ホテル目の前には「釜の淵公園」の豊かな自然が広がっています。「亀の井ホテル」は、新しいブランドで再スタートした温泉旅館。現時点で全国に39施設を展開しています。

　青梅駅から無料送迎バスで10分。東京で唯一となる亀の井ホテルブランド「亀の井ホテル 青梅」は、青梅市の街なかにありながら、公園の豊かな自然と多摩川沿いの美しい景観に囲まれた温泉旅館です。

　温泉は、pH9.9の高アルカリ度が特徴です。無色透明でつるつるとした湯触り、肌の汚れを洗い流し、サッパリと仕上げる美肌の湯。一部のお部屋がバリアフリー設計になっているので、さまざまな方の旅行を後押ししてくれます。

　この冬は、共用部リニューアルのため一時休館予定です。宿泊や日帰り入浴についてはご利用前にウェブサイトをご確認ください。

シンプルなスタンダードツイン。
部屋はフルフラットで安心して過ごせます。

ONSEN DATA

［源泉名］青梅鮎美の湯
［泉　質］なし（フッ素・メタほう酸の項目で適合）
［源泉温度／pH値］23.5℃／ 9.9（アルカリ性）
［溶存物質（ガス性のものを除く）］1.449g/kg

渓谷の豊かな緑を眺める温泉浴室。サウナもありフレッシュできます。

【青梅市】

4 東京・青梅石神温泉 清流の宿 おくたま路

☎ 0428-78-9711
📍 青梅市二俣尾2-371
※日帰り入浴11〜15時

都心から電車で90分 奥多摩の美しい自然と 清流に癒やされる宿

R青梅線「石神前」駅から歩いて10分。「清流の宿 おくたま路」は、多摩川沿いの美しい渓谷のほとりにあります。車なら圏央道の青梅ICまたは日の出ICから30分です。

青梅市の名所「吉野梅郷」や、人気の「御岳山」など、さまざまな見どころが点在する観光地の温泉宿です。登山帰りや、青梅観光と併せて立ち寄る方も多く、日中の時間帯で日帰り入浴が可能です。

温泉は、奥多摩から湧出する鶴の湯温泉を使用しています。ほのかな硫黄の香りが温泉らしさを感じさせる無色透明の源泉で、アルカリ度が高く、肌をつるつるに仕上げます。浴室の大きな窓から豊かな緑と奥多摩の山々が目の前に広がり、体の疲れと一緒に、心の疲れも吹き飛びます。

大人数で利用できる和洋室は和室とベッドルームを備えたお部屋。

ONSEN DATA

［源泉名］青梅石神温泉（※鶴の湯温泉）
［泉　質］単純硫黄温泉
［源泉温度／pH値］29.7℃／9.8（アルカリ性）
［溶存物質（ガス性のものを除く）］0.249g/kg

【奥多摩町】

氷川郷麻葉の湯
三河屋旅館
ひかわごうあさはのゆ　みかわやりょかん

4

☎ 0428-83-2027
📍 西多摩郡奥多摩町氷川1414

内湯の大きな窓には、額縁に飾られたような美しい豊かな大自然が広がります。

奥多摩の清流と大自然
パノラマの絶景を楽しむ
山のいで湯

　青梅線の終着駅、奥多摩駅から多摩川に向かって歩くこと7分。自然豊かな渓谷沿いに立つ「三河屋旅館」は、自家源泉を持つ温泉旅館です。その昔、この地で上質な麻が採れたことから「麻葉の里」と呼ばれていたという歴史があり、温泉名を「麻葉の湯」としました。

　メタほう酸の項目で温泉の規定に当てはまる、泉質名のつかない温泉です。弱アルカリ性のさらりとした湯ざわりが心地よく、子どもから年配の方まで、誰もが安心してゆっくり入浴を楽しめるやさしいお湯です。

　登山や奥多摩周辺の観光の拠点として便利な場所ですが、現在は改修を計画中とのことで、しばらく日帰り利用がメインとなるとのこと。奥多摩町には5種類の源泉があるので、異なる源泉の湯めぐりもおすすめです。

お部屋の一例。

ONSEN DATA

［源泉名］氷川郷 麻葉の湯
［泉　質］なし（メタほう酸の項目で適合）
［源泉温度／pH値］14.2℃／8.1（弱アルカリ性）
［溶存物質（ガス性のものを除く）］0.25g/kg

大浴場は広々とした開放的なつくり。内湯は自家源泉をかけ流しで提供しています。

【奥多摩町】

奥多摩の風
はとのす荘

📞 0428-84-7123
📍 西多摩郡奥多摩町棚沢662

4

青梅線「鳩ノ巣」駅5分
間近に見える深い森と
2種の源泉を提供の宿

JR青梅線に揺られて終点の2駅手前、「鳩ノ巣」駅まで都心から約2時間。「奥多摩の風 はとのす荘」は、多摩川沿いの美しい渓谷を眺めながら2種の温泉を楽しめる贅沢な温泉宿です。

奥多摩から湧出する鶴の湯温泉を運び入れ、露天風呂で提供するほか、自家源泉の鳩ノ巣温泉は内湯で楽しめます。ほのかに硫黄が香る、アルカリ度の高い鶴の湯温泉は、お肌をつるつるに仕上げます。自家源泉は泉質名のつかないやさしい温泉。奥多摩の風景を楽しみながらゆっくり長湯を楽しんでみてください。日帰り利用で日中の温泉入浴が可能です。2種の源泉に浸かりに出かけてみては？

ONSEN DATA

［源泉名］鶴の湯温泉
［泉 質］単純硫黄温泉
［源泉温度／pH値］29.7℃／9.8（アルカリ性）
［溶存物質（ガス性のものを除く）］0.249g/kg

［源泉名］地下泉
［泉 質］なし（メタほう酸の項により温泉に適合）
［源泉温度／pH値］16.0℃／8.3（弱アルカリ性）
［溶存物質（ガス性のものを除く）］0.13g/kg

和室・洋室・和洋室にバリアフリールームまで。ゆっくり過ごせる客室です。

男女別の大浴場に温泉が注がれ、窓の外には秋川源流の大自然が広がります。

【檜原村】

蛇の湯温泉たから荘
（じゃのゆおんせん たからそう）

📞 042-598-6001
📍 西多摩郡檜原村数馬

4

秋川源流のほとりにある
かぶと造りの佇まい
都内随一の秘湯の宿

その昔、傷ついた大蛇が河原に湧く湯で傷を癒やしたと言い伝えられていることから「蛇の湯温泉」と名付けられた、都内で唯一の「日本秘湯を守る会」所属の温泉宿です。

湯の良さが魅力で、多くの温泉ファンが訪れる場所。泉質は硫黄泉で、ほんのりと漂う硫黄の香りが心地よく、秋川源流の渓谷の美しさを眺めながら入浴を楽しめます。

特筆すべきは、アルカリ度の高さ。pH10.0という

強アルカリの湯は、触れるとつるつるとして、肌の汚れをすっきりと洗い流します。

東京の西の奥地、檜原村の中でも西に位置する数馬地区は、豊かな自然に囲まれた山里です。心温まるなつかしいふるさとの原風景が広がっています。

日帰り入浴も可能、日中の10時から18時まで受け付けています。東京の秘湯へ、ぜひ足を運んでみてください。

かやぶき屋根が目を引くたから荘の外観。

お部屋の一例「春らんの間」。

食事は岩魚やキノコ、山菜など、
檜原村の恵みを凝縮した御膳。

ONSEN DATA

[源泉名] 蛇の湯温泉
[泉 質] 単純硫黄温泉
[源泉温度／pH値] 10.5℃／10.0（アルカリ性）
[溶存物質（ガス性のものを除く）] 0.159g/kg

蛇の湯温泉たから荘

column-1

自分に合う温泉を見つけよう

温泉は泉質によって、特徴が異なります。泉質は大きく分けると10種類。泉質の種類と特徴について、このコラムで簡単に紹介します。

温泉の10の泉質

① 単純温泉
源泉温度25度以上で溶存物質が1,000mg未満の温泉。溶存物質が少ないので疲れにくい。**誰にも安心のやさしい湯**。アルカリ度が7.5以上の温泉は美肌効果あり。

② 塩化物泉
溶存物質1,000mg以上で、塩素イオンを多く含む温泉。塩の成分がパックのように保温効果を高める**温まりの湯**。きりきずや冷え性、皮膚乾燥症などの適応症がある。

③ 炭酸水素塩泉
皮膚の汚れをすっきりと洗い流す美肌の湯。入浴後さっぱりする**清涼の湯**。切り傷や冷え性、皮膚乾燥症などの適応症がある。

④ 硫酸塩泉
きりきずや火傷の治癒効果が高い。ハリと弾力のある肌をつくる美肌の湯。脳卒中や動脈硬化、高血圧症などの適応症があり、**生活習慣病の湯**とも呼ばれている。

⑤ 二酸化炭素泉
湯に触れると肌に泡がつくので**泡の湯**とも言われる。お湯の中に規定値を超える炭酸ガスが含まれた温泉。血管拡張作用で血行促進を促す。**心臓の湯**とも呼ばれる。

⑥ 含鉄泉
鉄分を多く含む温泉。貧血、冷え性、更年期障害などの適応症があり**婦人の湯**とも呼ばれる。よく温まる温泉。

⑦ 硫黄泉
独特の温泉らしい香りがあり、毛細血管を拡張させる効果や美白効果がある**美肌の湯**。比較的湯あたりしやすい泉質なので注意が必要。

⑧ 酸性泉
殺菌効果、抗菌力が強い温泉。皮膚の細菌やウィルスを抑制する効果があり、**皮膚病の湯**とも呼ばれる。刺激が強いので肌の弱い人は注意。

⑨ 放射能泉
ラドンを含む温泉。ホルミシス効果で免疫力を高める効果があり、飲用では痛風、浴用では動脈硬化症、リウマチなどの適応症があり、**万病の湯**とも呼ばれている。

⑩ 含よう素泉
規定値を超えるよう素を含む温泉。飲用の場合にコレステロール値を下げる適応症が認められている。非火山性、太古の海水とされる温泉に多い泉質。強い殺菌作用がある。

※泉質名のない温泉
含有成分の特定条件が温泉法の規定値に達しているが療養泉の条件を満たしていない温泉。溶存物質が少ない、やさしい湯。メタケイ酸、重炭酸そうだなどの項目で温泉認定されることが多い。

温泉分析書には、泉質名が記載されています。泉質を知って、自分の好みや体調にあわせて温泉を選べるようになると、楽しみ方がさらに広がります。

Chapter-2

第 2 章

リゾート派の施設充実型日帰り温泉

温泉に行きたい！　でも時間が……という方には日帰り温泉施設をおすすめします。
大きな露天風呂、美味しいランチ、サウナやエステなどのリラクゼーションや、
読み放題のマンガなど、サービスが充実している魅力の温泉施設がたくさんあります。
遠くに行かなくても、宿泊しなくても、のんびり〝温泉旅行気分〟を味わえますよ。

泉天空の湯 羽田空港
泉天空の湯 有明ガーデン
東京豊洲 万葉倶楽部
東京・湯河原温泉 万葉の湯 町田
SPA大手町
東京ドーム天然温泉 Spa LaQua
テルマー湯 新宿店
東京染井温泉SAKURA
前野原温泉 さやの湯処
豊島園 庭の湯
THE SPA 西新井 大師の湯
大谷田温泉 明神の湯
天然温泉 平和島
荻窪天然温泉 なごみの湯
高井戸天然温泉 美しの湯
THE SPA 成城
深大寺天然温泉 湯守の里
天然温泉 仙川 湯けむりの里

おふろの王様 花小金井店
名水天然温泉 SPADIUM JAPON
稲城天然温泉 季乃彩
多摩境天然温泉 森乃彩
よみうりランド眺望温泉 花景の湯
天然温泉 極楽湯 多摩センター店
小平天然温泉 テルメ小川
国立温泉 湯楽の里
昭島温泉 湯楽の里
竜泉寺の湯 八王子みなみ野店
天然温泉 ロテン・ガーデン
京王高尾山温泉 極楽湯
河辺温泉 梅の湯
秋川渓谷 瀬音の湯
生涯青春の湯 つるつる温泉
奥多摩温泉 もえぎの湯
檜原温泉センター 数馬の湯

目の前が広く開けたリバービューの露天風呂。天気の良い日には、街並みの奥に富士山が見えます。

【大田区】

泉天空の湯 羽田空港
(いずみてんくうのゆ はねだくうこう)

📞 03-6459-9770
📍 大田区羽田空港2-7-1

羽田空港第3ターミナル直結の展望露天風呂から富士山を眺める癒やしのひととき

　東京の玄関口、羽田空港第3ターミナルに直結する複合施設「羽田エアポートガーデン」内にある「泉天空の湯 羽田空港」は、エアポートホテル「ヴィラフォンテーヌ（グランド・プレミア）羽田空港」の大浴場としての機能をあわせ持つ日帰り温泉施設で、開放的な景観が魅力です。

　河口に近い多摩川に面し、露天風呂からはリバービューの景観が目の前に広がります。ホテル最上階に位置するため、男性の露天風呂からは離着陸時の飛行機が広い空を横切り、女性の露天風呂からは都会の街並みと、天気の良い日にはその奥に富士山の姿がくっきりと浮かんで見えます。

　とくに刻々と空の色が変わる夕暮れ時の入浴は、息をのむような美しさで、大きな感動を覚えることでしょう。ぜひ体験してみてください。

　温泉の色はやや黄色がかった透明で、揺れる水面にキラキラと美しく輝きます。泉質は、よく温まる強塩温泉。浴室の備品にはこだわりの設備が備わり、安心で快適な入浴時間を過ごせる点も魅力です。

　ヴィラフォンテーヌ グランド羽田空港宿泊者は、一般料金4,800円のところ2,000円で利用できます。プレミア羽田空港宿泊者は無料です。また、24時間営業ですが、浴室は午後12時30分から翌午前10時まで。利用時間には注意が必要です。

目の前が羽田空港という立地の良さはもちろん、貸会議室なども備えビジネス利用にも便利です。

大浴場にはドライサウナと漢方蒸しサウナがあり、浴室外に岩盤浴も併設されています。

「ヴィラフォンテーヌ（グランド・プレミア）羽田空港」はラグジュアリーなエアポートホテルです。

料金にはタオル、館内着などすべて含まれているため、手ぶらで利用できます。

ONSEN DATA

［源泉名］羽田空港泉天空温泉
［泉　質］含よう素―ナトリウム―塩化物強塩温泉
［源泉温度／pH値］31.5℃／7.6（弱アルカリ性）
［溶存物質（ガス性のものを除く）］25.20g/kg

泉天空の湯 羽田空港

【江東区】

泉天空の湯 有明ガーデン
（いずみてんくうのゆ　ありあけガーデン）

📞 03-6426-0802
📍 江東区有明2-1-7 モール＆スパ5階

琥珀色の温泉は塩の効果でよく温まります。溶存物質が豊富なので長湯に注意。

ショッピングにシアター 都市機能を一体化させた 新しい街で体験する温泉

　銀座から5km圏内のベイフロントにつくられた〝都市機能一体型〟の複合施設「有明ガーデン」にある「泉天空の湯 有明ガーデン」は、「ヴィラフォンテーヌ グランド 東京有明」の大浴場としての機能をあわせ持つ日帰り温泉施設です。

　天然温泉は琥珀色で、溶存物質が豊富に含まれた、よく温まる泉質です。浴室には温泉浴のほか、炭酸泉やマッサージバスなどでバラエティ豊かな入浴が楽しめます。

　女性専用エリアにあるマーメイドリビングは、パステルブルーで明るい海の中を思わせる、階段状のソファーと、やわらかいレースで区切られたスペースがあり、入浴の後に、読書やうたた寝などしながらゆっくりと過ごせる場所です。

　ほかにも、広い休憩スペース、岩盤浴エリア、エステ＆ボディケアに加えて、広く開放的なレストラン「有明キッチン」を備え、入浴前後に美味しい料理でお腹を満たすことも可能。

　モーニング料金は、平日朝5時から10時まで中学生以上大人の入館料がお得になるプランです。また、毎週火・水曜日のレディースデイでは、中学生以上大人の女性限定で岩盤浴料金が半額になります。

　宿泊のご家族やグループでプライベートに使える貸切風呂、個室サウナ、足湯を備えた「貸切スパエリア」もあるので、泉天空の湯を利用できない3歳以下のお子さんがいるご家族におすすめです。

バブルバス（女性限定）や炭酸泉など、さまざまなスタイルの入浴を楽しめます。

大浴場にはドライサウナとスチーム塩サウナ、浴室外には岩盤浴が併設されています。

女性専用エリアにあるマーメイドリビングで入浴後のんびりできます。

入浴前後にお腹が空いたら、施設内の食事処「有明キッチン」へ。

ONSEN DATA

［源泉名］有明泉天空温泉
［泉　質］含よう素―ナトリウム―塩化物強塩温泉
［源泉温度／pH値］28.6℃／7.5（弱アルカリ性）
［溶存物質（ガス性のものを除く）］29.80g/kg

泉天空の湯 有明ガーデン

【江東区】

東京豊洲 万葉倶楽部
とうきょうとよす まんようくらぶ

📞 03-3532-4126
📍 江東区豊洲6-5-1 豊洲 千客万来内

広く開放的な露天風呂。豊洲周辺の開けた展望を楽しみながら湯浴みを楽しめます（写真は男性露天風呂）。

東京の新名所「豊洲市場」に隣接 箱根温泉と湯河原温泉 2つの名湯で体をほぐす

東京の新名所「豊洲市場」に隣接する場外市場として、江戸の街並みを再現した商業施設「豊洲 千客万来」の一角にあるのが、宿泊もできる日帰り温泉施設「東京豊洲 万葉倶楽部」です。

タンクローリーで運ぶ、箱根湯本温泉と湯河原温泉の2つの名湯が、男女の浴室それぞれの見晴らしの良い大きな湯舟を満たしています。温泉はどちらも無色透明。アルカリ度の高い箱根湯本温泉で肌をサッパリと洗い流し、湯河原温泉が肌の保湿と保温効果を高めます。どちらも美肌をつくる泉質です。

豊洲の景観をパノラマで一望できる展望足湯庭園のほか、サウナ・ウェルネス・岩盤浴・宿泊施設を備えた多彩なくつろぎ空間があり、のんびりと過ごす休日にも、東京観光の拠点にもおすすめです。

まわりには豊洲市場が広がり、マグロや海産物のセリを見学できるルートや市場の新鮮食材を提供する飲食店などが連なっています。江戸の街並みをそぞろ歩きながら食べ歩きも楽しいエリアです。

豊洲の大パノラマが楽しめる展望足湯庭園は、館内着着用でゆっくり過ごせる場所。

大浴場にはドライサウナのほか、塩サウナ、ナノミストサウナ（女性専用）があり、別料金の岩盤浴エリアもあり。

宿泊施設もあるので、都内観光の滞在拠点としてもおすすめです。

休憩エリアの1つ、2階の読書コーナーには1万冊のコミックがそろっています。

ONSEN DATA

［源泉名］湯河原温泉
［泉　質］ナトリウム・カルシウム―塩化物・硫酸塩温泉
［源泉温度／pH値］72.6℃／7.6（弱アルカリ性）
［溶存物質（ガス性のものを除く）］1.891g/kg

［源泉名］湯本温泉
［泉　質］単純温泉
［源泉温度／pH値］55.0℃／9.1（アルカリ性）
［溶存物質（ガス性のものを除く）］0.746g/kg

東京豊洲 万葉倶楽部

広く開放的な露天風呂。石風呂は少し深めで肩までしっかり湯に浸かることができます。

【町田市】

東京・湯河原温泉 万葉の湯 町田

📞 042-788-4126
📍 町田市鶴間7-3-1

3

万葉集にも詠まれる湯河原の名湯を東京で堪能する贅沢な休日

名 湯の湯河原温泉を毎日運んで提供する、宿泊施設を備えた日帰り温泉施設です。

歴史のある湯河原温泉は、無色透明でさらさらと肌触りがよく、よく温まる塩化物泉と、肌がうるおう硫酸塩泉の、2つの特徴を併せ持っています。

館内には岩盤浴、エステ、食事処、休憩スペースなど多彩なくつろぎ空間があり、館内着で利用できる屋上の「足湯庭園」も人気です。

富士山を眺めながら、のんびりとした時間を過ごしてみませんか。

内湯も広く開放的。ゆったりとした空間でくつろげます。

ONSEN DATA

[源泉名] 湯河原温泉
[泉　質] ナトリウム・カルシウム―塩化物・硫酸塩温泉
[源泉温度／pH値] 72.6℃／7.6（弱アルカリ性）
[溶存物質（ガス性のものを除く）] 1.891g/kg

大手町駅直結の地下エリアにあり、ビジターの方も大手町温泉を利用できます。

【千代田区】

SPA大手町
（スパおおてまち）

- ☎ 03-6262-5188
- 📍 千代田区大手町1-9-2
  大手町フィナンシャルシティ
  グランキューブB1F

地下鉄大手町駅に直結！フィットネスクラブで運動後に浸かるご褒美湯

都心で温泉とフィットネスを提供する会員制クラブ。大手町の地下1,500mから届く温泉は、塩の成分が豊富に含まれ、よく温まる泉質です。ほんのりと黒く、ほのかに有機物の溶け込んだ香りを感じます。

男性浴室にはフィンランド式ロウリュサウナ、女性スパゾーンには専用の岩盤浴、そのほか世界最先端マシンをそろえたトレーニングルームや20mプール、ヨガスタジオを備えているので、ワンランク上のフィットネスを体験したい方にもおすすめです。

プールサイドにはジャグジーも併設。

ONSEN DATA

- ［源泉名］大手町温泉
- ［泉　質］含よう素―ナトリウム―塩化物強塩温泉
- ［源泉温度／pH値］36.5℃／7.3（中性）
- ［溶存物質（ガス性のものを除く）］27.09g/kg

女性の露天風呂エリア。約43度のあつ湯と約38℃のぬる湯、檜の炭酸風呂があります。

【文京区】

東京ドーム天然温泉
Spa LaQua
(スパ ラクーア)

- 03-3817-4173
- 文京区春日1-1-1
  ラクーアビル5〜9F（フロント6F）

デートにも仲間の集まりにもおすすめ リゾート感あふれる都心の本格温泉で温浴の心地よさを楽しむ

　東京ドームをはじめ、アトラクション、ショップ、レストランなどがそろっている融合商業施設LaQua内にある「Spa LaQua」は、都心で本格温泉を楽しめる東京のリゾート温浴施設です。

　東京ドームシティの地下1,700mから湧出する塩化物泉は、溶存物質が豊富でよく温まります。男女それぞれ、露天風呂と内湯、アトラクションバス、各種サウナを備えており、さまざまな入浴を楽しむことができます。セルフロウリュができるフィンランドサウナも人気です。

　「ヒーリング バーデ」は、男女共用の岩盤浴エリア。別料金で専用のウェア、タオルを受け取り、リゾートムードあふれる休憩スペースへ。ゆっくりと心地よく汗をかくことができます。

　とにかく広いので、休憩スペースやボディケア施設、飲食店も充実しています。会社の集まりや深夜の仮眠にも利用可能。思い立った時にさまざまなシーンで活用できる都心の温浴施設です。

　また、Spa LaQuaとは別に、完全個室のプライベートサウナ「Sauna Lounge Rentola」があり、事前予約制で本格サウナ体験を提供しています。

別料金の「ヒーリング バーデ」エリア。男女共用でゆっくり温浴を楽しむことができます。

女性の内湯エリア。天然温泉の大きな湯舟のほか、多彩なアトラクション風呂があります。

女性浴室にあるミストサウナ「テルマーレ」。スパゾーンの浴室に複数のサウナがありさまざまな温度帯を楽しめます。

リラックスラウンジでは、モニターTV、各種雑誌などで思い思いの時間を過ごせます。軽食＆ドリンクのデリバリーも可能。

ONSEN DATA

［源泉名］小石川温泉
［泉　質］よう素—ナトリウム—塩化物強塩温泉
［源泉温度／pH値］38.3℃／7.5（弱アルカリ性）
［溶存物質（ガス性のものを除く）］28.66g/kg

東京ドーム天然温泉 Spa LaQua

周りは深い森に囲まれ、正面には雄大な三原山の景観が広がる露天風呂。

【新宿区】

テルマー湯 新宿店
（ゆ しんじゅくてん）

☎ 03-5285-1726
📍 新宿区歌舞伎町1-1-2

3

眠らない街、新宿で24時間いつでも行ける中伊豆からの運び湯温泉

新宿駅東口から徒歩8分。歌舞伎町にある「テルマー湯 新宿店」は、24時間営業、年中無休で、思い立ったらいつでも行ける都会の日帰り温泉施設です。入口では大きなシャンデリアがお客さまを迎え、高級感のある内装と、広くゆったりとつくられた空間がくつろぎを提供します。

中伊豆から運ぶ天然温泉は、肌を若返らせる硫酸塩泉の美肌の湯。アルカリ度が高く、肌にしっとりとなじむお湯です。注目は、ここでしか入れないこだわり風呂。中性電解水風呂、αトリノ水のほか、女性専用エリアには化粧水を贅沢に使用した化粧水風呂などがあり、サウナ専用の泥パック＆塩、男性専用のミストサウナなど、美容によいとされるさまざまな体験を楽しめるのも魅力です。

屋上にスポーツバーとフィットネスエリアがあり、追加料金なしで利用可能。また、休憩エリアや食事処、ボディケアのメニューも豊富なので、ゆっくり時間のある休日に、長時間を確保して体の外も中もしっかりメンテナンスしてみてはいかがですか？

女湯の壁画は花火の絵。華やかな気分で入浴を楽しめます。

女性パウダールームはメイクが楽しくなる女優ライト付き。

男女の浴室にサウナと水風呂も完備。

ONSEN DATA

[源泉名] 神代の湯（※谷戸峯1号）
[泉　質] ナトリウム・カルシウム―硫酸塩温泉
[源泉温度／pH値] 71.1℃／8.9（アルカリ性）
[溶存物質（ガス性のものを除く）] 2.041g/kg

テルマー湯 新宿店

「山桜桃の湯」は女性の内湯にある、ぬるめの湯舟。

【豊島区】
東京染井温泉 SAKURA
(とうきょうそめいおんせん サクラ)

📞 03-5907-5566
📍 豊島区駒込5-4-24

山手線駅から徒歩10分 京旅館のような温泉で 味わう極上のおもてなし

山手線の巣鴨駅または駒込駅から徒歩10分以内。さらに巣鴨駅から無料送迎バスがあります。「東京染井温泉 SAKURA」は、アクセスの良さがとくに魅力。都会にありながら、閑静な住宅街にあり隠れ家的な雰囲気を持つ日帰り温泉施設です。

「ソメイヨシノ」発祥の地であることから、染井温泉の名がつけられました。浴室の湯舟にもそれぞれ「桜」の名前がつけられ、地下1,800mから汲み上げる天然温泉をゆっくりと堪能できるよう、さまざまな工夫がなされています。湯温や湯船の設計など、随所に細かい配慮があり、とにかく居心地のよい空間です。

お湯は無色透明ですが、湯船を満たすと金色に輝きます。溶存物質が豊富で保温効果が高く、身体がぽかぽかと温まる温泉。ジェットバスやシルキーバス、サウナなどと併用して、さまざまな温熱効果を体感してください。

お食事処も魅力の1つ。厳選した素材でつくられる和洋中の料理は、デパートのレストランを思わせる上品な味わい。多彩なラインナップと「おもてなしの心」を重視したクオリティの高い接客で、心の底から満たされる至福の時間を過ごせます。

2階にはリラクゼーションルームや談話室といった休憩スペースと、ボディケア・エステなどのサロンがそろっています。調度品の1つひとつ、飾られている室礼の1つひとつにおもてなしの心が宿る、大人の隠れ家です。

「SAKURA特別会席弁当」は女子会や会食にぴったり。
食事処のメニューは季節ごとに入れ替わります。

備え付けの備品やアメニティにも一切の妥協がなく、
木の香りに心地よさを感じます。

「桜王の湯」は女性の露天エリアにある大きな湯舟。
ほかの湯舟が見えないようにつくられています。

O N S E N　D A T A

［源泉名］東京染井温泉
［泉　質］含よう素―ナトリウム―塩化物強塩温泉
［源泉温度／pH値］46.6℃／7.5（弱アルカリ性）
［溶存物質（ガス性のものを除く）］33.92g/kg

東京染井温泉 SAKURA

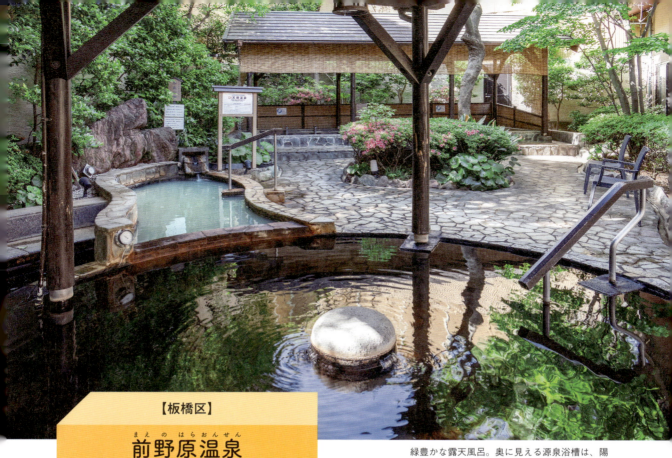

緑豊かな露天風呂。奥に見える源泉浴槽は、陽の光に照らされて美しいうぐいす色に輝きます。

【板橋区】
前野原温泉 さやの湯処
（まえのはらおんせん さやのゆどころ）

- 03-5916-3826
- 板橋区前野町3-41-1

風情ある昭和の邸宅と美しい日本式庭園が魅力の本格日帰り温泉施設。

都営三田線「志村坂上駅」から徒歩8分の立地にある「前野原温泉 さやの湯処」は、都内では珍しい源泉かけ流しの本格派として2005年にオープン。以来、都内の温泉でも来客が絶えない人気の日帰り温泉施設として知られています。

敷地内から湧出する温泉は、ほんのりと白濁した溶存物質（ようぞんぶっしつ）豊富なうぐいす色。都内では難しいとされるかけ流しの源泉が楽しめるとあって、温泉の質にこだわる本格派にも人気です。泉質は都内の三大泉質の1つ、よう素を含む強塩温泉（きょうえん）で、体の芯からよく温まります。また、おすすめはお風呂だけではありません。お食事処「柿天舎」（してんしゃ）では、季節ごとに全国各地から旬の国産蕎麦粉を取り寄せて提供する十割そばが絶品。庭園を眺めながら美味なるそばに舌鼓を打ち、時間が経つのを忘れるほどの深いくつろぎを味わってみてください。

建物は1946（昭和21）年に建てられた創業者の邸宅を、古民家再生の建築家・降幡廣信氏（ふりはたひろのぶ）が手がけて再誕。心落ち着く庭園は創業者が全国から集めた珍しい石を、作庭家・小口基實氏（おぐちもとみ）が美しいバランスで配しています。古民家の縁側から眺める庭園は、まさに額縁に飾られた日本画を見るような美しさで、四季折々の風景が季節ごとに楽しめます。

別料金の貸切風呂、岩盤浴、アロマテラピーやボディケアルームなどのリラクゼーションもそろっています。ウェブサイトで混雑状況を確認できるので、なるべく空いている時間を狙ってゆっくり過ごしてみてください。「前野原温泉 さやの湯処」は、訪れたすべての人に極上のやすらぎを与えてくれる日帰り温泉施設です。

大きな窓に囲まれた開放的で明るい内湯エリア。
内湯は井戸水を使用。

露天エリアにはつぼ湯や寝ころび湯もあり、
思い思いの入浴を楽しめます。

庭園から望む食事処「柿天舎」の縁側。
夜の庭園の美しさもまた格別です。

食事処「柿天舎」で提供する自家製そば。
挽きたて、打ちたて、茹でたて。絶品です。

O N S E N　D A T A

［源泉名］板橋前野温泉
［泉　質］含よう素―ナトリウム―塩化物強塩温泉
［源泉温度／pH値］36.9℃／7.4（中性）
［溶存物質（ガス性のものを除く）］22,140mg／kg

前野原温泉 さやの湯処

日本庭園の木々が目の前に広がり、森林浴気分で入浴できる大きな露天風呂。

【練馬区】

豊島園 庭の湯（としまえん にわのゆ）

☎ 03-5984-4126
📍 練馬区向山3-25-1

3

四季折々の草花と天然石のパワーを授かる大人の癒やし空間

歴 史ある1,200坪の日本庭園につくられた日帰り温泉施設「豊島園 庭の湯」は、"大人の癒やし空間"をテーマに、天然温泉のほか水着で楽しむバーデプールやサウナ、旬の味覚を堪能できる食事処などがそろう「施設充実型」の日帰り温泉施設です。緑に囲まれ、静かな時間が流れる大人の湯処というコンセプトのため、中学生未満は利用できません。

地下1,445mから汲み上げた天然温泉の泉質は、よく温まる塩化物泉です。溶存物質が豊富で、海と大地のミネラルが凝縮されています。消毒には塩素を使わず、殺菌浄化装置「マイオックス」を採用しています。

また、サウナの種類も豊富です。温浴エリアのサウナのほか、バーデゾーンのフィンランドサウナは、水着着用で男女共用、熱風で発汗を促す「アウフグース」を体験できます。さらに予約制のテントサウナでは、庭園で森林浴を楽しみながらグループでの利用もできます。

遊園地「としまえん」の跡地は「ワーナーブラザース スタジオツアー東京」がオープンし、今や世界中のハリーポッターファンが集まるエンターテイメントの街。温泉とあわせて、テーマパークにショッピング、映画、公園散策などを楽しんでみてはいかがでしょうか。

露天エリアにあるつぼ湯で、
贅沢に温泉の湯を独り占め。

バーデゾーンの屋外にあるフィンランドサウナ。
本格「アウフグース」が人気です。

温浴ゾーンにあるヨーロッパ調のテルマニウムサウナ。
床、壁、座面からの温熱でじんわりと発汗を促します。

水着着用のバーデゾーンでは、アクアマッサージなど
健康増進プログラムが人気。水着はレンタル可能です。

ONSEN DATA

［源泉名］豊島園 庭の湯
［泉　質］含よう素―ナトリウム―塩化物強塩温泉
［源泉温度／pH値］34.8℃／7.5（弱アルカリ性）
［溶存物質（ガス性のものを除く）］21.59g/kg

豊島園 庭の湯

【足立区】

THE SPA 西新井 大師の湯
（ザ スパ にしあらい だいしのゆ）

- 03-5888-1526
- 足立区西新井栄町1-17-10
  セントラルウェルネスタウン3F

おひとり専用。露天エリアにあるつぼ湯で、贅沢に温泉の湯を独り占め。

溶存物質豊富な温まりの湯につかり心と体の健康増進

　東武スカイツリーライン「西新井」駅から徒歩3分。フィットネスクラブ「セントラルウェルネスクラブ24西新井」併設の日帰り温泉施設です。全国のセントラルスポーツ会員（個人会員）は、一般料金の半額の入館料で利用可能です。

　黄色がかった透明のお湯は、溶存物質が豊富に含まれ、湯上がり後も温かさが持続する保温効果の高い泉質です。温泉を独り占めできるつぼ湯のほか、シルキーバスやジェットバス、水風呂などの多彩な浴槽があります。

　浴室には男女とも黄土サウナが設けられ、遠赤外線効果で体の奥から発汗を促します。このほか、女性浴室には低温のスチームサウナ、塩サウナがあります。別料金の岩盤浴もあり、各回予約で時間指定、1回50分です。岩盤浴の利用は、毎週水曜日実施の「岩盤浴半額DAY」を活用するとお得です。

　お近くなら、フィットネスとあわせて、健康増進のために日常的に利用してみてはいかがでしょうか。

第2章｜リゾート派の施設充実型日帰り温泉

内湯エリアには天然温泉のほか、
ジェットバスやシルキーバスなど
さまざまな湯を楽しめます。

大きな湯舟が魅力の男性露天風呂。
手足を伸ばして温泉をゆっくりと楽しめます。

男女の浴室にある高温の黄土サウナ。

ONSEN DATA

［源泉名］大師の湯
［泉　質］含よう素―ナトリウム―塩化物強塩温泉
［源泉温度／pH値］31.4℃／7.4（中性）
［溶存物質（ガス性のものを除く）］29.70g/kg

THE SPA 西新井 大師の湯

【足立区】

大谷田温泉 明神の湯(おおやだおんせん みょうじんのゆ)

☎ 03-5613-2683
📍 足立区大谷田1-18-1

内湯にある大きな温泉浴槽は「天然ひば」を使用。木の豊かな香りでリラックス効果が得られます。

山奥の湯治場を イメージした 古民家風の癒やし温泉で 木の香りに包まれる

東 京メトロ北綾瀬駅またはJR常磐線亀有駅から約1.5kmの場所にある「大谷田温泉 明神の湯」は、「都会の中の湯治場風情」をコンセプトにつくられた、木のぬくもりを感じる古民家風の温泉施設です。駅からは少し離れていますが、近隣の団地から訪れるお客さまたちで平日もにぎわっています。

もともと健康ランドだったこの地に温泉を湧出させ、天然温泉施設としてオープンしたのが2004年。泉質は、わずかに黄色味を帯びた溶存物質豊富な塩化物泉です。ヒバやヒノキなど木でつくられた湯船に満たされたお湯は琥珀色に輝き湯治場風情が際立ちます。

館内にはヒバ、ヒノキ、カラマツなどさまざまな種類の木が使われ、お食事処や休憩スペースも木の香りがあふれ、癒やし効果抜群。行くたびに新しい楽しみがあるのもうれしいポイントです。

ランニング応援プランは、ロッカーに荷物を置いてランニングに出かけ、戻ってきてから入浴できます（通常の入浴料金のみで利用可能）。近くには中川の河川敷や水元公園などランニングにぴったりのスポットが点在し、おすすめコースマップも用意されているのでぜひ利用してみてください。

露天エリアは井戸水を使用。
豊かな自然の中にいる気分を味わえるつくりで、
夜景の雰囲気は抜群です。

広く開放的な露天エリアが魅力。
男性露天エリアには「ととのいエリア」が登場。

食事処も木がふんだんに使用された温かい雰囲気です。

ONSEN DATA

[源泉名] 明神の湯
[泉　質] 含よう素—ナトリウム—塩化物強塩温泉
[源泉温度／pH値] 30.9℃／7.5（弱アルカリ性）
[溶存物質（ガス性のものを除く）] 30.90g/kg

大谷田温泉 明神の湯

広々と開放的な浴室。温泉はよく温まる泉質です。

【大田区】

天然温泉 平和島
（てんねんおんせん へいわじま）

☎ 03-3768-9121
📍 大田区平和島1-1-1

空の玄関口、羽田に近い複合レジャー施設にある「和」の温泉施設

　ボートレース場に併設する複合レジャー施設「ビッグファン平和島」内にある日帰り温泉施設「天然温泉 平和島」。館内は落ち着いた和の空間が広がり、周辺にはボーリング場、屋内アスレチック、映画館、ゴルフ練習場、レストラン・フードコートなどがそろっています。

　地下2,000mから汲み上げる天然温泉は、淡い黄色をした透明の塩化物泉。広くて開放的な大浴場で、温泉浴槽のほか、ジェット湯やバブルバスなど多彩な入浴を楽しめます。

　24時間営業、深夜ステイコースがあるので仮眠に使えます。羽田空港まで車で15分の立地にあり、深夜早朝の羽田空港への送迎サービスがあるので、旅行前後の滞在にも便利です。

リラックススペースは落ち着いた雰囲気でゆっくりできます。

ONSEN DATA

［源泉名］平和島温泉
［泉　質］含よう素―ナトリウム―塩化物強塩温泉
［源泉温度／pH値］35.9℃／7.6（弱アルカリ性）
［溶存物質（ガス性のものを除く）］22.89g/kg

屋根付きの半露天風呂は開放的でリラックスできます。

【杉並区】

荻窪天然温泉 なごみの湯
（おぎくぼてんねんおんせん なごみのゆ）

☎ 03-3398-4126
📍 杉並区上荻1-10-10

荻窪駅西口徒歩3分 奥多摩から届くなめらかな湯が魅力

JR中央線の荻窪駅西口から徒歩3分の場所にある「荻窪天然温泉 なごみの湯」は、多彩な岩盤浴と奥多摩から直送する「つるつる温泉」が魅力の日帰り温浴施設です。翌朝までの営業なので、夜遅くまでゆっくり温浴を楽しむことができる都会のオアシスとして知られています。

別料金の岩盤浴エリアでは、ロウリュウ、ホットヨガなどのプログラムを提供しています。男女いっしょに参加できるプログラムもあるので、温浴デートにもおすすめです。

入館料にはタオルや館内着などがついているので、手ぶらで行っても大丈夫です。食事処やリラクゼーションもそろっているので、ゆっくり過ごしたい休日にどうぞ。

お食事処も広くて快適。
食事がセットになった入館プランがお得です。

ONSEN DATA

［源泉名］生涯青春の湯 日の出三ツ沢つるつる温泉
［泉 質］単純温泉
［源泉温度／pH値］27.4℃／10.1（アルカリ性）
［溶存物質（ガス性のものを除く）］0.17g/kg

ひろびろとした露天風呂。緑豊かで落ち着いた空間です。

【杉並区】
高井戸天然温泉 美しの湯
（たかいどてんねんおんせん　うつくしのゆ）

- 03-3334-0008
- 杉並区高井戸西2-3-45

高井戸駅から徒歩2分 ジムで運動したあとで 露天風呂に浸かる幸せ

　京王井の頭線「高井戸」駅から近い上に、首都高速道路「高井戸IC」からも至近。大きな駐車場も完備しているので、近隣の方はもちろん、遠方から訪れる方にもアクセス抜群の「高井戸天然温泉 美しの湯」は、フィットネス施設に併設する日帰り温泉施設です。

　地下1,600mから汲み上げる茶褐色の天然温泉の泉質は、溶存物質を豊富に含む塩化物泉で、体の芯からよく温まります。

　岩づくりの露天風呂のまわりには森のような緑が広がり、春には桜、夏は百日紅、秋にはもみじ、冬にはツバキが、四季折々の美しさで入浴中の目を楽しませてくれます。

　休憩スペースやお食事処、ボディケアなどがそろっていることに加えて、おすすめはなんといってもフィットネス施設にあるプール。土日祝は温泉入浴とあわせてプールが利用できるので、ぜひ水泳も楽しんでみませんか。

ほんのり茶色い溶存物質豊富な源泉。

O N S E N　D A T A

［源泉名］高井戸温泉 美しの湯
［泉　質］含よう素―ナトリウム―塩化物強塩温泉
［源泉温度／pH値］32.8℃／8.1（弱アルカリ性）
［溶存物質（ガス性のものを除く）］18.52g/kg

高井戸天然温泉 美しの湯

【世田谷区】

THE SPA 成城
(ザ スパ せいじょう)

☎ 03-5429-1526
📍 世田谷区千歳台3-20-2
　セントラルウェルネスタウン成城2F

とにかく黒い。色の濃い天然温泉は有機物を豊富に含み、塩の成分による保温効果と重曹の成分による美肌効果を兼ね備えています。

身近なスパリゾートがリニューアル！天然温泉で健康増進!!

　地下1,200mから汲み上げる黒湯の天然温泉を提供し、「もっとも身近なスパリゾート」をコンセプトにしている日帰り温泉施設です。フィットネスクラブを併設しているほか、美味しい食事や多彩なリラクゼーションメニューも豊富です。
　源泉は色の濃い黒湯で、塩化物・炭酸水素塩泉。塩による保温効果があり、重曹成分が肌をなめらかにします。有機物が多く含まれ、溶存物質も豊富。肌が弱い方や強塩温泉が苦手な方にもおすすめしや

すい美肌の湯です。2024年7月には館内の全面リニューアルが行われ、サウナ、リラックスラウンジ、レストランが新しくなりました。
　別料金の岩盤浴は女性専用。食事と岩盤浴がセットになった平日限定プランがあるほか、時間限定の「モーニング料金」「ナイト料金」「休日限定朝風呂料金」など、お得なプランがたくさんあります。また、全国のセントラルスポーツ会員（個人会員）は入館料が半額です。

広々とした内湯には天然温泉のほか、さまざまなジェットバスがあります。

内湯エリアの大きな天然温泉。

Yogiboやソファを配置したくつろぎスペース。

今回のリニューアルで、より清潔感のある内装に
アップデートされたドライサウナ。

ONSEN DATA

［源泉名］成城の湯
［泉　質］ナトリウム—塩化物・炭酸水素塩温泉
［源泉温度／pH値］33.5℃／8.3（弱アルカリ性）
［溶存物質（ガス性のものを除く）］6.627g/kg

THE SPA 成城

和風庭園にしつらえた露天風呂。お湯が黒いので浴槽内の段差には注意が必要です。

【調布市】

深大寺天然温泉 湯守の里
（じんだいじてんねんおんせん ゆもりのさと）

☎ 042-499-7777
📍 調布市深大寺元町2-12-2

漆黒の黒湯を
そのままの濃さで提供
自然の恵みを堪能する

　都内にある黒湯の中でも「漆黒」と表現したくなるほどの色の濃さ。「深大寺天然温泉 湯守の里」は、厄除け、だるま市で知られる名刹「深大寺」の南側、徒歩10分圏内に位置する日帰り温泉施設です。

　地下1,500mから届く源泉は、塩分と重曹成分を豊富に含む弱アルカリ性の美肌の湯です。有機物由来の濃い色が特徴で、独特の香りを持ち、肌をなめらかにします。湯上がり後の肌のスベスベ感は格別。

　露天エリアは緑に囲まれた和風の造りでリラックス効果も高く、さまざまな温度で入浴を楽しめます。ついつい長湯したくなる環境ですが、慣れるまではほどほどに。溶存物質が豊富なので、長湯には注意が必要です。

　浴槽はヒノキ、炭、竹、波動石など天然素材でつくられています。風水を取り入れ、パワーストーンを配置するなど、入浴するだけで活力やエネルギーを感じます。もともとは、「調布の町に温泉をつくりたいと考えていたある事業家が敷地内で温泉を掘削し、私邸を改築してつくられた温泉施設」とお聞きしました。

　湯守の里を訪れる際は、深大寺にも立ち寄ってご利益を得たいところ。公共交通機関でアクセスするなら、調布駅と武蔵境駅から毎日運航している無料シャトルバスが便利です。

女性露天風呂にある高見風呂。檜でつくられた落ち着いた空間。

1階の軽食コーナーは畳の小上がり。
ソフトクリームやかき氷もおすすめです。

木の良い香りが広がる内湯エリア。大きな湯舟が特徴です。

ONSEN DATA

[源泉名] 深大寺温泉 城山の湯
[泉　質] ナトリウム―塩化物・炭酸水素塩温泉
[源泉温度／pH値] 40.4℃／8.0（弱アルカリ性）
[溶存物質（ガス性のものを除く）] 6.593g/kg

深大寺天然温泉 湯守の里

岩づくりの露天風呂は風情ある和の雰囲気。

【調布市】

天然温泉 仙川
湯けむりの里

- 03-3309-4126
- 調布市若葉町2-11-2

湯けむりブランド第1号店
家族で気軽に通える
調布の天然温泉

　東京・神奈川エリアに4店舗展開している「湯けむり」ブランドの1号店。京王線仙川駅から徒歩5分の住宅街にある「天然温泉 仙川 湯けむりの里」は、小さな子どもを連れて気軽に行ける昔ながらの銭湯スタイルが人気の日帰り温泉施設です。

　2015年に認定を受けた温泉は、メタケイ酸の項目で温泉に適合するため、泉質名がありません。溶存物質が少ないからこそ、お子さんもご年配の方も、あるいは肌の弱い方も、安心して入れるやさしい温泉です。

　別料金の岩盤浴は、リクライニングチェアやエリア最大級の1万1,000冊を超える雑誌や漫画を備え、中学生から利用可能です。Wi-Fiも完備しているのでリモートワークのお仕事に、またはゲームをしたり動画を見たりして、のんびりと過ごせます。

　食事処は140席余りのテーブル席とお座敷に、家族みんなで満足できるメニューも豊富。季節の特選メニューも楽しみたいところです。また、ボディケア施設では、体をほぐし、ロウリュでリラックス。

　日常の喧騒から離れ、癒しのひと時を。ご家族で訪れて、みんなで1日ゆっくり体をメンテナンスしに行きませんか。極上のリラクゼーションを堪能してください。

内湯は広く開放的で、ジェットバスや電気風呂などさまざまな入浴を楽しめます。

男性サウナにオートロウリュを導入。

食事処の畳エリアは小さなお子さん連れの家族に人気です。

食事処メニューは定番からサ飯まで、
家族にうれしいラインナップ。

O N S E N　D A T A

［源泉名］セントラル仙川温泉
［泉　質］泉質名なし（メタケイ酸の項目で温泉に適合）
［源泉温度／pH値］16.6℃／7.3（中性）
［溶存物質（ガス性のものを除く）］0.274g/kg

天然温泉 仙川 湯けむりの里

広々とした露天風呂。

【小平市】

おふろの王様
花小金井店
(はなこがねいてん)

☎ 042-452-2603
📍 小平市花小金井南町3-9-10

都立小金井公園で運動をしたあとは王様の温泉で気分爽快！

関東を中心に展開している日帰り温浴施設チェーン「おふろの王様」の中でも、天然温泉を掛け流しで提供する花小金井店は、温泉ファンの間でとくに人気です。茶褐色のお湯はしっとりした肌触りで、泉質はよく温まる塩化物泉。源泉掛け流しの「王様の湯」をはじめ、ジェットバスなど16種類のさまざまなお風呂を楽しめます。お湯の温度も、34℃の不感温度から43℃のあつ湯まであり、お好みの温度が見つかるはずです。

近くにはバーベキュー広場やテニスコートを備えた小金井公園があり、レジャーやスポーツのあとで立ち寄るにも便利な立地。ランナー用の預かりサービスがあるので、運動不足の解消に出かけてみませんか？

温泉を独り占めできるつぼ湯。

ONSEN DATA

［源泉名］王様温泉 花小金井の湯
［泉　質］ナトリウム―塩化物・炭酸水素塩温泉
［源泉温度／pH値］43.3℃／8.1（弱アルカリ性）
［溶存物質（ガス性のものを除く）］4.040g/kg

大きな窓ガラスから光が差し込む明るい内湯。

【東久留米市】

名水天然温泉
SPADIUM JAPON

☎ 042-473-2828
📍 東久留米市上の原2-7-7

日本最大級の スタジアム形温泉施設で とっておきの休日を！

　西武池袋線「東久留米駅ほか、4駅から無料シャトルバスでアクセスできる「スパジアムジャポン」通称スパジャポは、2019年にオープンしてから西東京エリアで人気の日帰り温泉施設です。「武蔵の温泉」と名付けられた温泉は、この地の地下1,500mから届く地球の恵み。無色透明の弱アルカリ性、溶存物質が豊富に含まれ、よく温まる塩化物泉と、肌をすっきりと洗い流す炭酸水素塩泉の泉質を持ち合わせています。

　別料金の岩盤浴エリアは関東最大級。多彩な休憩スペースのほか、テラスのテントサウナやバレルサウナでセルフロウリュも楽しめます。思いっきり遊んで体を動かして、汗をかいたら温泉へ。休憩エリアが広くて快適、誰もがゆっくり過ごせる施設です。

エントランスのあるフリースペースが3階、浴場が4階、5階が岩盤浴エリアです。

ONSEN DATA

［源泉名］武蔵野温泉
［泉　質］ナトリウム―塩化物・炭酸水素塩温泉
［源泉温度／pH値］37.8℃／7.8（弱アルカリ性）
［溶存物質（ガス性のものを除く）］2.044g/kg

地下1,700mから届く温泉を源泉そのままかけ流しで提供する露天の岩風呂。

【稲城市】

稲城天然温泉 季乃彩
（いなぎてんねんおんせん ときのいろどり）

📞 042-370-2614
📍 稲城市向陽台6-13

湧き出る源泉を贅沢にかけ流しで提供する温泉ファンの聖地

　JR南武線南多摩駅から歩いて5分。株式会社楽久屋が運営する1号店「稲城天然温泉 季乃彩」は、都内では貴重な掛け流しの浴槽を持つ本格派の施設として温泉ファンに愛されています。

　泉質は、保温効果の高い塩化物泉と、クレンジング効果のある炭酸水素塩泉の2つを併せ持つ美肌の湯。淡く色づいた弱アルカリ性のお湯は肌になめらかに馴染みます。

　露天の岩風呂は源泉掛け流し。広い空を眺めながら、のんびりと湯浴みを楽しめます。露天エリアは緑も豊富で、四季折々の自然の移ろいを眺めるのも楽しみの1つ。

　内湯も広くつくられ、温泉に炭酸ガスを溶け込ませた温泉炭酸泉や、ナノ水、ファイテンウォーターなど、さまざまなお湯による入浴を楽しめます。

　別料金の岩盤浴は、四季になぞらえて4つの部屋があります。気分や体力に合わせて気持ちよく発汗したら、広い休憩所で無料のお茶やコーヒーなどで水分を補給しましょう。1日ゆっくり過ごしたい、そんなときにおすすめです。

露天エリアには広い空と豊かな緑が広がり、四季折々の美しさを感じさせます。

別料金の岩盤浴も人気です。
広い休憩室では数種のドリンクが飲み放題。

落ち着いた和風のエントランスをくぐれば、そこは別天地。

岩盤浴エリアは四季をテーマに4部屋。
夏の間は音楽に合わせて蒸気と風が発生する
エンターテイメント型ロウリュを提供。

O N S E N　D A T A

［源泉名］稲城天然温泉
［泉　質］ナトリウム―塩化物・炭酸水素塩温泉
［源泉温度／pH値］40.4℃／7.8（弱アルカリ性）
［溶存物質（ガス性のものを除く）］2.062g/kg

稲城天然温泉 季乃彩

【町田市】

多摩境天然温泉
森乃彩
（たまさかいてんねんおんせん　もりのいろどり）

☎ 042-860-1026
📍 町田市小山ヶ丘1-11-5

地下1,700mから届く源泉を加水せず
かけ流しで提供する露天の岩風呂。

かけ流しの湯量が魅力
美肌にする黒湯と
四季を映す自然を堪能

京王線多摩境駅から歩いて22分。「多摩境天然温泉 森乃彩」は、多摩丘陵の一角を担う小山ヶ丘に位置する緑あふれる景観と源泉かけ流しのお湯が自慢の日帰り温泉施設です。露天風呂は小高い丘の上にあり、森林浴気分を味わえます。

淡茶色をした透明のお湯は、この地に古くから伝わる「仙人の水」伝説にちなんで「仙水の湯」と名づけられています。泉質は、重曹効果で肌をなめらかにする炭酸水素塩泉と、よく温まる塩化物泉の2つを併せ持つ、やさしい美肌の湯です。

露天にしつらえた岩風呂では、源泉を加温のみの掛け流しで提供。内湯には井戸水を使用したさまざまなアトラクション風呂が並び、なかでも高濃度炭酸泉の浴槽やよもぎ塩サウナなどが人気です。

緑に囲まれた露天エリアの景観に加え、2階の休憩処からの眺めも素晴らしく、天気がよければ丹沢山系が見渡せます。

また、周辺にはジョギングやサイクリングにぴったりの尾根緑道があり、「ランナーズスパ」プランが利用可能です。

露天エリアの「くつろぎ湯」は寝転がると視界に空と緑が広がります。

入浴前後の休憩に便利な「ぽかぽかの間」は居心地の良い休憩室。

吹き抜けの開放的なお食事処で人気のジンギスカン。

ONSEN DATA

［源泉名］仙水の湯
［泉　質］ナトリウム―炭酸水素塩・塩化物温泉
［源泉温度／pH値］31.6℃／8.3（弱アルカリ性）
［溶存物質（ガス性のものを除く）］1.011g/kg

多摩境天然温泉 森乃彩

深めの露天風呂の目の前には絶景が広がります。

【稲城市】

よみうりランド
眺望温泉 花景の湯
（ちょうぼうおんせん かけいのゆ）

📞 044-966-1126
📍 稲城市矢野口4015-1
　HANA-BIYORI内

都内でいちばん新しい！
花の香りに包まれながら
絶景を楽しむ温泉施設

よみうりランド遊園地の隣にある新感覚フラワーパーク「HANA・BIYORI」の中に、2024年3月にオープンした日帰り温泉施設が「よみうりランド眺望温泉 花景の湯」です。本書の取材時点では、今、都内でいちばん新しい温泉施設です。

「HANA・BIYORI」の門をくぐると華やかな花の香りに包まれ、その先に「花景の湯」の入口が見えてきます。標高約100mに位置するため、建物の3階部分につくられた浴場からは、周辺の深い森の先に遠く都心まで一望できる絶景の風景が広がっています。その風景は、まさに爽快そのもの。

地下1,750mから湧き出す天然温泉は、よく温まる塩の効果と、重曹によるクレンジング効果を併せ持つ美肌の湯。肌になじむ弱アルカリ性で、色濃い黒湯で満たされた露天風呂は深めにつくられ、絶景を眺めながら肩までしっかり温まり、心地よい入浴時間を過ごせる場所です。

1階の魅了休憩エリアには1万冊を超えるコミックと書籍、雑誌が置かれ、無料Wi-fiの使用も可能。食事処、ボディケア、休憩スペースなど、すべてがそろう施設充実型。有料の岩盤浴は男女一緒に利用できるのが魅力です。

内風呂には「高濃度炭酸泉」「シルク風呂」「ジェットバス」を備えています。

無料の休憩エリアの1つ。
花見テラスからは開放的な景観が楽しめます。

別料金の岩盤浴は男女一緒に利用可能。

銀座おのでら監修の美食がそろうレストランの
人気メニュー「まぐろ御膳」。

ONSEN DATA

［源泉名］よみうりランド源泉
［泉 質］ナトリウム—塩化物・炭酸水素塩温泉
［源泉温度／pH値］43.8℃／8.0（弱アルカリ性）
［溶存物質（ガス性のものを除く）］2.613g/kg

よみうりランド眺望温泉 花景の湯

【多摩市】

天然温泉 極楽湯
多摩センター店
（てんねんおんせん ごくらくゆ たまセンターてん）

📞 042-357-8626
📍 多摩市落合1-30-1

露天風呂は和テイスト。夜は星空を見ながら入浴を楽しめます。

天然温泉×炭酸泉
金色の炭酸泉が魅力の
毎日通いたくなる温泉

　京王線、小田急線の多摩センター駅から至近の徒歩5分。サンリオピューロランドの横にある「天然温泉 極楽湯 多摩センター店」は、全国でスーパー銭湯を展開する極楽湯チェーンの日帰り温泉施設です。

　地下1,500mから汲み上げた自家源泉は、よく温まる塩化物泉と、クレンジング効果のある炭酸水素塩泉の、2つの泉質を併せ持つ美肌の湯。弱アルカリのつるつるとした感触が肌にやさしくなじみます。

　浴室が広く、露天風呂も開放的で、さまざまな入浴を楽しめるのがこの施設の魅力。ゆっくり入浴してリフレッシュしたら、リラクゼーションでボディケアするもよし、食事処で至福のビールと食事を堪能するもよし。日常的に通いたくなる地元密着の温泉です。

内湯も広く開放的。大きな湯舟でリラックス効果抜群。

ONSEN DATA

［源泉名］多摩温泉 自然の湯
［泉　質］ナトリウム―塩化物・炭酸水素塩温泉
［源泉温度／pH値］40.3℃／8.0（弱アルカリ性）
［溶存物質（ガス性のものを除く）］3.175g/kg

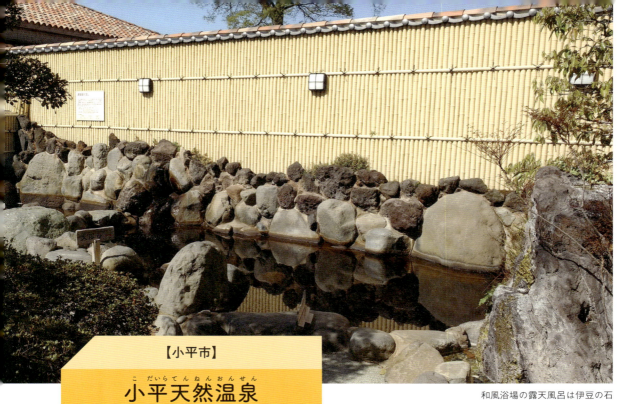
和風浴場の露天風呂は伊豆の石をふんだんに使った本格岩風呂。

【小平市】

小平天然温泉 テルメ小川
こだいらてんねんおんせん　テルメおがわ

📞 042-344-1126
📍 小平市小川町1-2494

男性は和風浴場 女性はテルマニウムで 琥珀色の温泉を楽しむ

　多摩地域北部に位置する西武線エリア。小川町にある「テルメ小川」は、古代ローマの公衆浴場をイメージした日帰り温泉施設です。

　和風浴場の露天風呂は、伊豆の石をふんだんに使った落ち着いた風情の岩風呂。地下1,600mから汲み上げる琥珀色の天然温泉を掛け流しています。洞窟風呂は、高濃度の炭酸を溶け込ませた炭酸風呂で、ぬるめの温度が人気です。洋風浴場の露天風呂は古代ローマのパティオをイメージしたオリエンタルな雰囲気。「テルマリウム」という古代ローマ時代から受け継がれてきたハーブミストサウナやトルコの伝統的な温浴など、多彩な温浴を体験できます。

　琥珀色の天然温泉はよく温まる塩化物泉と、美肌効果の炭酸水素塩泉の効果を併せ持つ泉質で、湯上り後は肌がすべすべ。

洋風浴場は古代ローマ風。
広く開放的な空間で入浴を楽しめます。

ONSEN DATA

[源泉名] 小平温泉
[泉　質] ナトリウム―塩化物・炭酸水素塩温泉
[源泉温度／pH値] 33.7℃／8.0（弱アルカリ性）
[溶存物質（ガス性のものを除く）] 1.66g/kg

ひろびろとした露天風呂。遠くに見える富士山が魅力です。

【国立市】

国立温泉 湯楽の里
（くにたちおんせん ゆらのさと）

📞 042-580-1726
📍 国立市泉3-29-11 フレスポ国立南内

多摩川沿いにある富士山を望む露天風呂で空の広さを楽しむ

国立市の「フレスポ国立南」の敷地内にある「国立温泉 湯楽の里」は、露天風呂からの眺望が魅力の日帰り温泉施設です。

多摩川沿いで眺望が開けているため、遠く富士山の美しい雄姿と広い空が、露天エリアに開放感を与えています。湯舟を満たす温泉は、ほんのり茶色味を帯びていて、泉質はよく温まる塩化物泉です。

多摩川の景観が目の前に広がるお食事処、メニュー豊富なリラクゼーション、リラクゼーションチェアが並ぶお休み処などがあるので、湯上がり後もゆっくり過ごせます。お食事処では、本場札幌の味を伝える「西山ラーメン」をぜひ試してみてください。

内湯エリアには人気の「高濃度炭酸泉」のほか、大きな白湯浴槽とサウナ、水風呂があります

ONSEN DATA

［源泉名］国立温泉 湯楽の里
［泉　質］ナトリウム―塩化物泉
［源泉温度／pH値］37.0℃／7.9（弱アルカリ性）
［溶存物質（ガス性のものを除く）］3.567g/kg

ひろびろとした露天風呂。緑豊かで落ち着いた空間です。

【昭島市】

昭島温泉 湯楽の里
（あきしまおんせん ゆらのさと）

☎ 042-500-2615
📍 昭島市美堀町3-14-10

アルカリ度の高い美肌の湯を堪能する日常の幸せ空間

昭島駅から歩いて15分、玉川上水沿いにある「昭島温泉 湯楽の里」は、地下1,800mから届く温泉を提供する日帰り温泉施設です。

泉質はpH9.0という高アルカリの単純温泉で、肌をすっきりと洗い流す美人の湯。お湯につかったとたん肌がつるつるして、湯上がり後もさっぱりスベスベ感が持続します。露天「上の湯」は源泉掛け流しで、温泉本来の湯ざわりを楽しめます。

さまざまなアトラクション風呂があり、別料金の岩盤浴「楽蒸洞（らくじゅどう）」に、食事処、ボディケア、休憩スペースなどがそろっているので、1日ゆっくり過ごすのがおすすめです。

露天エリアにある源泉かけ流しの「上の湯」とゆっくり浸かれる「下の湯」。

ONSEN DATA

[源泉名] 昭島温泉 湯楽の里
[泉 質] 単純温泉
[源泉温度／pH値] 36.0℃／9.0（アルカリ性）
[溶存物質（ガス性のものを除く）] 0.564g/kg

【八王子市】

竜泉寺の湯
八王子みなみ野店

☎ 042-632-2611
📍 八王子市片倉町3505

天然温泉の露天風呂。大きな湯舟でゆっくり体をほぐせます。

極上の温泉体験！デートや仕事にも使える地域で人気の日帰り温泉

愛知県を中心に全国で温浴施設を展開する「竜泉寺の湯」の中で、八王子市にある「八王子みなみ野店」は、ある温泉のユーザーランキングでここ数年1位を取り続けている、人気の施設です。

地下1,500mから汲み上げた自家源泉は、アルカリ性の単純温泉で、触れるとつるつるとして、肌の汚れをすっきりと洗い流します。露天エリアで人気の「ほたるの湯」に浸かると、季節を感じるBGMが聞こえてきて、癒されました。3種類の炭酸泉や、「ちびっこの湯」など、あらゆる人が自分好みの温泉を見つけられる楽しみがあります。

人気は、別料金の岩盤浴エリア。大人の癒やし空間として、温活や読書、仕事、デートにも使えるくつろぎ空間で、半個室型の休憩エリアやコワーキングスペースを備えているから、時間を忘れて仕事に没頭したり、とことんリラックスしてうとうとしたり、自分らしく過ごせるのが魅力です。

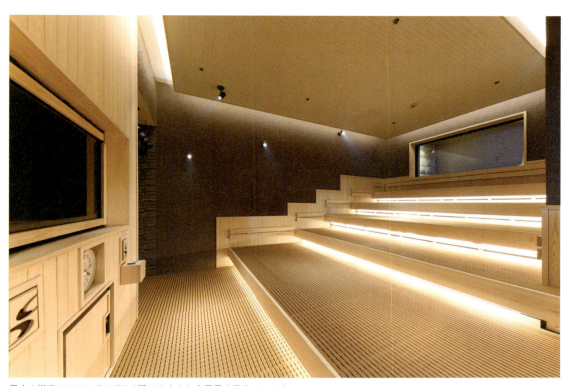
男女の浴室エリアにそれぞれ2種のサウナと水風呂を備えています。

食事処もとにかく広い。

岩盤浴エリア「forest villa」は大人の癒やし空間。

ONSEN DATA

［源泉名］竜泉寺温泉
［泉質］単純温泉
［源泉温度／pH値］25.9℃／不明（アルカリ性）
［溶存物質（ガス性のものを除く）］0.727g/kg

竜泉寺の湯 八王子みなみ野店

源泉かけ流しの天望露天風呂。右楽は洋風のつくりで夜景の美しさも魅力です。

【町田市】

天然温泉
ロテン・ガーデン

📞 042-774-2681
📍 町田市相原町358番地

琥珀色の天然温泉が注がれる露天風呂で広い空を楽しむ湯浴み

　テン・ガーデンの名のとおり、多彩な露天風呂が魅力の日帰り温泉施設です。広く開放的な右楽（洋風）、左楽（和風）の露天風呂に加えて、見渡す限りの空を独り占めできる「天望露天風呂」では、掛け流しの源泉を堪能できるというなんとも贅沢な空間です。とくに、夕方から夜にかけての夜

景の美しさは格別。

　敷地内の玄関脇、地下1,381mから湧き出る温泉は琥珀色で、泉質はよく温まる塩化物泉と、美肌をつくる炭酸水素塩泉の2種を兼ね備えます。アルカリ度が高いので、お湯につかると肌がつるつるになり、湯上がり後も冷めにくいのが特徴。

　偶数日と奇数日で男女の浴室が入れ替わるので、日替わりで和風と洋風の異なる浴室を楽しむことができます。館内にはお食事処、ボディケア、ヘアサロン、ネイルサロン、休憩処、別料金の岩盤浴施設があり、1日ゆっくり楽しめます。

　アクセスは、JR橋本駅またはJR八王子駅の南口から出発する送迎バスが便利です。車なら国道16号線バイパス「鑓水インター」から町田方面におよそ1kmほどです。

浴槽からもくもくと湯けむりが上がる
さまざまな露天風呂を楽しめます。

左楽のオートロウリュサウナは室内を適度に加湿し、やさしい蒸気に包まれます。

お食事処は本格的な和食を提供。
お刺身や季節の天ぷらが人気です。

ONSEN DATA

［源泉名］天然温泉 ロテン・ガーデン
［泉　質］ナトリウム―塩化物・炭酸水素塩温泉
［源泉温度／pH値］36.4℃／8.6（アルカリ性）
［溶存物質（ガス性のものを除く）］1231mg／kg

天然温泉 ロテン・ガーデン

天然温泉をなみなみと注ぐ露天岩風呂。あつ湯とぬる湯、お好きな温度で楽しめます。

【八王子市】

京王高尾山温泉
極楽湯
(けいおうたかおさんおんせん ごくらくゆ)

📞 042-663-4126
📍 八王子市高尾町2229-7

京王線高尾山口駅となり ミシュラン三ツ星の 高尾山とあわせて 「ONSEN」を楽しむ

高尾山の玄関口、豊かな自然に囲まれた風景の中で、とても気持ちの良い入浴を楽しめる温泉です。地下約1,000mから湧き出す温泉はほんのりと白濁し、アルカリ度の高いつるつるとした肌触り。美肌効果のある、やさしい泉質です。

登山後の入浴はもちろんですが、温泉だけを目的に何度も通いたくなる、良質な温泉です。露天エリアにしつらえた岩風呂は、2つの浴槽で熱い湯とぬるい湯を選べます。石張りの風情ある浴槽は、人気の炭酸風呂。血管を拡張し芯からよく温まります。

お食事処では、高尾の名物「とろろ」を使った御膳やそばが人気です。駅近なので、入浴後のお酒も楽しみの1つ。平日限定の宴会コースは、個室の座敷が利用できるので会合におすすめです。

ぬるめの温度が人気の炭酸風呂。血管拡張作用があるので芯からよく温まります。

高尾名物「とろろ」を使った「麦とろ松御膳」。

男女の浴室にそれぞれサウナと水風呂が併設。

ONSEN DATA

［源泉名］京王高尾山温泉
［泉　質］単純温泉
［源泉温度／pH値］26.2℃／9.9（アルカリ性）
［溶存物質（ガス性のものを除く）］0.183g/kg

京王高尾山温泉 極楽湯

露天風呂はビルの6階に位置し、広い空と夜景を楽しめます。

【青梅市】

河辺温泉 梅の湯
（かべおんせん うめのゆ）

☎ 0428-20-1026
📍 青梅市河辺町10-8-1

JR河辺駅直結
大自然で遊んだあとで
ぜひ訪れたい温泉

御岳山や奥多摩への玄関口、JR青梅線の河辺駅に直結する日帰り温泉施設「河辺温泉 梅の湯」は、登山帰りのグループや、ランニング帰りの利用にも便利です。

アルカリ度が高い美肌の湯は、運動後の汗や皮脂をしっかり落とし、肌をつるつるに仕上げます。天然温泉は、内湯の主浴槽で堪能することができます。

お湯のつるつるとした肌触りを楽しんでいると、時間を忘れてつい長湯したくなる気持ちよさ。さらにお食事処やボディケア、韓国式エステなどに加え、アメニティや設備など、随所に女性にうれしいこだわりポイントもあります。

梅の名所、青梅の地に立つ温泉なので、館内には梅関連のグッズや、梅をアレンジしたデザイン、梅の名前がついた商品などがいろいろと取りそろえてあり、お土産におすすめです。

男性大浴場の露天風呂は三層に分かれた井桁のつくり。

内湯にはジェット湯や水風呂などがそろっています。

ONSEN DATA

［源泉名］河辺温泉
［泉　質］単純温泉
［源泉温度／pH値］29.2℃／9.4（アルカリ性）
［溶存物質（ガス性のものを除く）］0.5g/kg

河辺温泉 梅の湯

緑に囲まれた露天風呂。渓谷からせせらぎの音が心地よく聞こえます。

【あきる野市】

秋川渓谷 瀬音の湯
（あきがわけいこく せおとのゆ）

☎ 042-595-2614
📍 あきる野市乙津565

自然豊かな渓谷を臨む国立公園内の温泉で川音と鳥の声を楽しむ

秩　父多摩甲斐国立公園内にある「秋川温泉 瀬音の湯」は、宿泊施設を備えた日帰り温泉施設です。春は桜、夏は川遊び、秋は紅葉、冬は雪景色、秋川渓谷の豊かな自然が一年を通して訪れる人を楽しませてくれます。

温泉の泉質は、アルカリ度の高い単純温泉。地下1,500mから汲み上げる無色透明のお湯は、ほのかに硫黄の香りがして、肌に触れるとつるつるとなじみます。皮膚の汚れを洗い流す美肌の湯。内湯は源泉掛け流しなので、泉質をそのままに体感できます。

貸切風呂もあるので、小さいお子さんや足腰の心配な方の入浴におすすめします。鳥の声、森のさざめきに耳をすませ、川のせせらぎ、「瀬音」を聞きながらゆっくりと時間をかけて楽しみたい贅沢な温泉です。

併設の宿泊施設はコテージ型で、広く快適な滞在が可能です。キッチンやバスルームがついているので、長期の利用にもおすすめ。周辺には登山コース、ハイキングコースが充実しています。

夕食は、温泉施設内のレストランへ。地元の食材を使ったこだわりのラインナップが魅力で、ドリンクやデザートも豊富です。

無色透明なお湯はやさしい単純温泉。
内湯は源泉かけ流しでお湯の良さが際立ちます。

貸切温泉はバリアフリー設計。
おむつのお子さんや足腰が心配な方も利用可能です。

秋川渓谷の大自然に囲まれたコテージ外観。

「石舟Dinig」の人気No.1メニュー、
「石舟Dinig鉄板ハンバーグ定食」は青梅産豚を使用。

宿泊施設は広めのコテージでキッチン・バスルームつき。
長期滞在にもおすすめ。

ONSEN DATA

［源泉名］十里木・長岳温泉
［泉　質］アルカリ性単純温泉
［源泉温度／pH値］25.9℃／10.01（アルカリ性）
［溶存物質（ガス性のものを除く）］0.439g/kg

秋川渓谷 瀬音の湯

露天岩風呂は竹で囲まれた風情あるつくり。夏はカエル、秋はひぐらしの声に季節を感じます。

【日の出町】

生涯青春の湯
つるつる温泉

☎ 042-597-1126
📍 西多摩郡日の出町大久野4718

豊かな自然に囲まれた山のいで湯で日々の疲れを癒やす休日

　多くの山好きに愛されている「生涯青春の湯 つるつる温泉」は、日帰り温泉施設です。泉質はアルカリ度の高い単純温泉。地下1,500mから汲み上げる無色透明の湯は、その名の通り肌に触れるとつるつると感じる湯ざわりの良い美肌の湯です。

　浴室には、大きくしつらえた洋風、和風の内湯と、風情たっぷりの露天風呂があり、心地よい湯浴みを楽しめます。

　玄関入口には、登山者用の大きなザックを置く棚や、MTBをたて掛けるラックなどが用意されていて、山好きの利用者やランナー、サイクリストたちにも喜ばれています。

　館内の「パノラマ食堂」では、お風呂上りにうれしいおつまみや地元の食材を使った定食など、さまざまなオリジナルメニューがあり、選ぶのが楽しくなります。

　ハイキングや登山、キャンプやドライブの締めくくりに、美しい大自然を眺めながら温泉に浸かる…そんな温泉を楽しみに、出かけてみませんか？

露天ひのき風呂は、大自然に囲まれた開放的な見晴らしが人気。
夜空も最高です。

つるつる温泉オリジナル名物、大人気の「赤いうどん」。

入浴後は、天井が高く明るい食堂で
ゆっくりと美味しいお食事をどうぞ。

ONSEN DATA

［源泉名］生涯青春の湯 ひので三ツ沢つるつる温泉
［泉　質］単純温泉
［源泉温度／pH値］27.4℃／10.1（アルカリ性）
［溶存物質（ガス性のものを除く）］0.17g/kg

生涯青春の湯 つるつる温泉

露天風呂は渓谷の美しさを肌で感じられる大自然の中。

【奥多摩町】

奥多摩温泉
もえぎの湯

☎ 0428-82-7770
📍 西多摩郡奥多摩町氷川119-1

渓谷の大自然の中の森林浴で癒やされる東京の秘湯

　森林セラピー基地に認定されている奥多摩の大自然の中につくられた温泉施設「奥多摩温泉もえぎの湯」は、奥多摩駅から歩いて10分というアクセスの良さと、ダイナミックな渓谷の露天風呂が魅力の日帰り温泉施設です。

　季節によっては近くのキャンプ場からのお客さまで込み合うこともありますが、普段はのんびりと利用できる山のいで湯。多摩川の流れを眼下に、風の音や鳥のさえずりを全身に感じながら湯浴みを楽しむことができます。

　アルカリ度の高いお湯は、触れたとたんつるつるとして、肌の汚れをすっきりと洗い流します。溶存物質が少ないので、長湯しても疲れしにくいやさしい泉質です。

　男女の浴室それぞれに内湯と露天風呂があり、内湯からは豊かな緑が、露天風呂からは渓谷の風景が楽しめます。

内風呂の窓にはあふれるばかりの緑が窓の外に広がります。

ONSEN DATA

［源泉名］奥多摩温泉・奥多摩温泉第2源泉混合泉
［泉　質］泉質名なし（フッ素・メタほう酸の項目で温泉に適合）
［源泉温度／pH値］21.8℃／9.9（アルカリ性）
［溶存物質（ガス性のものを除く）］22.89g/kg

登山やハイキングで疲れた体をやさしく癒やすアルカリ性の温泉です。

【檜原村】

檜原温泉センター 数馬の湯
（ひのはらおんせん かずまのゆ）

☎ 042-598-6789
📍 西多摩郡檜原村2430

豊かな森の中にある東京の秘境でのんびりと浸かりたい山のいで湯

東京と山梨の境に位置する三頭山（みとうさん）のふもと、山道を進んだ先に見えてくる「檜原温泉センター 数馬の湯」は、東京の秘湯「蛇の湯温泉」にほど近い、檜原村唯一の日帰り温泉施設です。

お湯はアルカリ度が高く、つるつるとした肌ざわりの良さが特徴。露天風呂に浸かると、豊かな自然に囲まれて森林浴を味わえます。そして、何といっても、夜に満天の星を眺めながら湯浴みできるのが魅力です。「都民の森」や「三頭大滝（みとうおおたき）」でハイキングを楽しんだ後に立ち寄るのがおすすめ。

お食事処では、地元の食材を使ったメニューが人気。また、館内の農産物売り場には、地域で採れる山菜などが並んでいることもあるので、ぜひお土産にして、秘境の地の恵みを味わってみてください。

露天風呂は豊かな自然に囲まれて森林浴気分を味わえます。

ONSEN DATA

［源泉名］檜原温泉 数馬の湯
［泉　質］単純温泉
［源泉温度／pH値］25.1℃／8.9（アルカリ性）
［溶存物質（ガス性のものを除く）］0.249g/kg

Column-2
温泉分析書を見てみよう

分析書を見れば、どんな湯でどんな効果があるか、どんな注意が必要か、などがわかるようになります。チェックすべき項目は、以下の5つ。温泉に入るときは分析書を確認する習慣をつけましょう。

❶ 泉質名

泉質は10種類。泉質名は温泉の特徴を表しています。溶存物質が1,000mg/1kg以下の場合は単純温泉、1,000mg以上の場合は塩類泉です。

湯の特徴を知るには、泉質名の後半をチェック。たとえば、炭酸水素塩・塩化物泉なら炭酸水素塩泉の特徴が強く、塩化物泉の特徴もある、ということ。

❷ 源泉温度

25度以上で温泉、25度未満の場合は「冷鉱泉」です。高温の源泉の場合、通常は加水して湯温を調整しています。低ければ加温の可能性が高いです。温度をどのように調整しているかの参考に。

❸ pH値

数字が低ければ酸性、高ければアルカリ性を示しています。7.5以上8.5未満は弱アルカリ性で、弱酸性の肌の表面を溶かして、余分な皮脂汚れを落としてくれる「美肌の湯」。8.5以上の（高）アルカリ性温泉もお肌ツルツル効果がありますが、湯上がり後に肌が乾燥するので保湿が必要です。

❹ 溶存物質（ガス性のものを除く）

1,000mg未満なら単純温泉、または泉質名のつかない温泉。1,000mg以上なら「塩類泉」です。溶存物質が多ければ濃い温泉ということになりますが、濃いほうがよいというわけではなく、濃い温泉は体への作用が大きいため疲れやすいことがありますので注意しましょう。

❺ 溶存物質（ガス性のものを除く）

別表に記載されている、いわゆる「効能」のことです。一般的適応症はすべての温泉に共通する効能、泉質別適応症は、その泉質が持つ効能を記しています。

Chapter-3

第3章
東京の秘湯！島嶼部の温泉
とうしょぶ

島嶼地域の各島々へ行くと、東京とは思えない雄大な自然景観が広がっています。
その大自然の中にある「秘湯」と呼ぶべき温泉を訪れてみませんか？
きっとあなたの人生を変えてしまうほどの温泉体験が、待っているはずです。

伊豆大島 大島温泉ホテル　　神津島温泉保養センター
大島温泉 元町浜の湯　　　　ふるさとの湯
湯の浜露天風呂　　　　　　　樫立向里温泉 ふれあいの湯
まましした温泉　　　　　　　裏見ヶ滝温泉
地鉈温泉　　　　　　　　　　中之郷温泉 やすらぎの湯
足付温泉　　　　　　　　　　末吉温泉 みはらしの湯
松が下雅湯　　　　　　　　　洞輪沢温泉

周りは深い森に囲まれ、正面には雄大な三原山の景観が広がる露天風呂。

【大島】
伊豆大島
大島温泉ホテル

☎ 04992-2-1673
📍 大島町泉津字木積場3-5

4

三原山を一望する
森の源泉かけ流し温泉で
新鮮な魚料理をほおばる

　高速ジェット船で竹芝桟橋から1時間45分、の場所にある、伊豆大島。島のほぼ中央に位置する「伊豆大島温泉ホテル」は、伊豆大島を形づくる三原山のふもとにあります。三原山の雄大な景観と、島特有の新鮮な魚介、そして源泉かけ流しの温泉、三拍子そろった魅力を持つ温泉旅館です。

無色透明でさらさらとした湯ざわりの温泉は、温度の高い単純温泉。地下300mから汲み上げた源泉を、内湯、露天風呂とも、かけ流しで注いでいます。中性でありながら炭酸水素イオンやカルシウムイオン、メタケイ酸イオンが豊富に含まれ、肌をしっとりと仕上げるやさしい温泉です。露天風呂からは、目の前に雄大な三原山と、山を彩る深い森が広がります。いつまでも眺めていたくなる景観です。

お湯はメタケイ酸を豊富に含み肌をなめらかにします。

ONSEN DATA

［源泉名］三原山温泉
［泉　質］単純温泉
［源泉温度／pH値］84.2℃／6.8（中性）
［溶存物質（ガス性のものを除く）］0.85g/kg

水着着用

島の西岸に位置するので太陽が海に沈む日没時がとくにおすすめ。

【大島】

大島温泉 元町浜の湯
（おおしまおんせん もとまちはまのゆ）

☎ 04992-2-1446
📍 大島町元町字トンチ畑882

茜色の海原を眺めながら ずっと浸かっていたい 夕暮れ時の温泉

　調布飛行場から空の便で25分、東京竹芝から高速ジェット船で1時間45分。伊豆諸島の中でもアクセスのよい場所にある伊豆大島の元町エリアにある、露天風呂のみの温泉です。

　海岸沿いにあり、見晴らしの良さが魅力。この温泉は男女混浴のため、水着を着用して入浴します。夕暮れ時は格別。茜色に染まる空と、どこまでも続く海原を眺めていると、時間が経つのを忘れます。なお、湯上がり用に、更衣室には男女別にシャワーが備えてあります。

　大島にはもう1つ、同じ元町エリアに「御神火温泉」があります。こちらには、温泉プールやレストランが併設されているので、アクティブに温泉を楽しみたいグループや親子におすすめです。

海風が心地よい海岸沿いの露天風呂。

ONSEN DATA

［源泉名］大島温泉元町浜の湯
［泉　質］ナトリウム—塩化物温泉
［源泉温度／pH値］32.2℃／6.9（中性）
［溶存物質（ガス性のものを除く）］4.82g/kg

【新島村】 ☎04992-5-0284 📍新島村
湯の浜露天温泉(ゆのはまろてんおんせん)

コーガ石でできた神殿風の露天風呂で夕日に染まる海と空を眺める

24 時間年中無休、無料で入れる水着着用の温泉です。島の特産である貴重なコーガ石でつくられた神殿風で、島の西側の海沿いにあるため、お天気が良いと美しい夕日を見ることができます。

神殿風の階段の先にも岩風呂が。夕暮れ時がおすすめです。

O N S E N D A T A

[源泉名] 間々下温泉2号井
[泉　質] ナトリウム―塩化物強塩温泉
[源泉温度／pH値] 65.6℃／6.0（中性）
[溶存物質（ガス性のものを除く）] 17.62g/kg

【新島村】 ☎04992-5-0830 📍新島村瀬戸山
まました温泉(おんせん)

高台から海を臨む絶景露天風呂と砂風呂体験ができる温泉

上 記、「湯の浜露天風呂」から急な坂道を登った高台に「まました温泉」があります。源泉はどちらも同じ、よく温まる塩化物泉です。露天風呂からの景観は、眼下に海を臨む絶景が広がっています。

高台にあるため、露天風呂からは大自然の風景を楽しめます。

O N S E N D A T A

[源泉名] 間々下温泉2号井
[泉　質] ナトリウム―塩化物強塩温泉
[源泉温度／pH値] 65.6℃／6.0（中性）
[溶存物質（ガス性のものを除く）] 17.62g/kg

【式根島】 ☎04992-7-0170 📍新島村式根島1006
地鉈温泉(じなたおんせん)

鉈で割ったような谷間を下り、海の間際に湧き出る絶景の秘湯を楽しむ

式 根島の温泉を代表する「地鉈温泉」は、急峻な渓谷の先にある絶景温泉。海沿いに湧いている高温の温泉は自然そのもので、海水で温度を調整するため、満潮時間にだけ適温になります。

写真：式根島観光協会提供
ちょうど満潮時。海の水と混ざって適温となります。

O N S E N D A T A

[源泉名] 式根島温泉井
[泉　質] ナトリウム―塩化物強塩温泉
[源泉温度／pH値] 76.8℃／5.9（弱酸性）
[溶存物質（ガス性のものを除く）] 35.00g/kg

【式根島】 ☎04992-7-0170 📍新島村式根島1006
足付温泉
あしつきおんせん

その昔、アシカが足の傷を癒やしたという海沿いの岩場に湧き出る温泉

見 た目は海。ただし、足を浸すと温かい。どこから温泉なのか海なのか、境目がわからないまさに秘湯。湧き出すお湯はほどよい温度で、体を芯からじんわり温めてくれます（野湯のため分析書なし）。

左記、地鉈温泉が「内科の湯」と呼ばれたのに対し、こちらの足付温泉は「外科の湯」と呼ばれました。切り傷や擦り傷などの外傷から筋肉痛、冷え性などに効能があるとされたからです。かつてこれらの温泉は、まさしく「島民の命の泉」だったそうです。

写真：式根島観光協会提供

浴槽のような岩場で好みの温度を見つけよう。

【式根島】 ☎04992-5-0240 📍新島村式根島992
松が下雅湯
まつがしたみやびゆ

地鉈温泉の源泉を気軽に楽しめる場所としてつくられた海沿いの温泉

地 鉈温泉を気軽に楽しめるように、地鉈温泉の源泉を引いて使用している温泉施設です。海沿いに広い湯舟と足湯があり、更衣室も完備。秘湯風情がありながら、整備された施設なので安心。無料です。

写真：式根島観光協会提供

ONSEN DATA
[源泉名] 式根島温泉井
[泉　質] ナトリウム―塩化物強塩温泉
[源泉温度／pH値] 76.8℃／5.9（弱酸性）
[溶存物質（ガス性のものを除く）] 35.00g/kg

地鉈温泉の源泉を快適温度で楽しめます。

【神津島】 ☎04992-8-1376 📍神津島村字錆崎1-1
神津島温泉保養センター
こうづしまおんせんほようセンター

水着で楽しむ自然の岩場を利用した日本有数の大露天風呂

海 沿いの岩場に設けられた露天風呂は、ダイナミックな広さと開放感が特徴。水着着用で手足を思いっきり伸ばして温泉を楽しめます。とくにおすすめは、迫力のある星空を眺めながらの入浴です。

ONSEN DATA
[源泉名] 錆崎温泉5号井
[泉　質] ナトリウム―塩化物強塩温泉
[源泉温度／pH値] 56.5℃／6.7（中性）
[溶存物質（ガス性のものを除く）] 34.76g/kg

自然の岩場を生かしてつくられた大きな露天風呂エリア。

【三宅島】 ☎04994-5-0426 📍三宅島三宅村阿古644

ふるさとの湯

露天風呂は温度が低め。三宅島の西側にある夕日スポット

泉 質は溶存物質豊富な塩化物泉で、体の芯からよく温まります。露天風呂の温度は低めで、太平洋に沈む美しい夕日を眺めながらゆっくり入浴することができます。ぜひ、島の絶景を楽しんでください。

ONSEN DATA

［源泉名］夕景浜温泉
［泉　質］ナトリウム―塩化物強塩温泉
［源泉温度／pH値］40.6℃／6.0（中性）
［溶存物質（ガス性のものを除く）］21.90g/kg

露天風呂はぬるめでゆっくり長湯を楽しめます。

【八丈島】 ☎04996-2-5570 📍八丈島八丈町堅立1812-3

樫立向里温泉 ふれあいの湯

八丈島に湧くエメラルドに輝く温泉で木の香りに包まれる

八 丈島の杉や檜を使用した、木の香り豊かな町営温泉です。泉質は溶存物質豊富な塩化物泉で、きれいなエメラルド色が特徴的。シンプルな施設ですが、森林浴気分でゆっくりと入浴が楽しめます。

ONSEN DATA

［源泉名］樫立向里温泉２号井
［泉　質］ナトリウム―塩化物強塩温泉
［源泉温度／pH値］58.0℃／6.2（中性）
［溶存物質（ガス性のものを除く）］34.37g/kg

内湯は広く大きな湯舟が特徴。豊かな木の香りに包まれます。

【八丈島】 ☎04996-2-5570 📍八丈島八丈町中之郷1246

裏見ヶ滝温泉

八丈島の秘湯は滝を眺めながら過ごす森の中の温泉

秘 湯と呼ぶにふさわしい、森の中につくられた野趣あふれる温泉です。温泉の入口とは道を挟んで反対側に散策路の入口があり、そこから進んだ先に大きな岩から流れ落ちる滝が現れます。

ONSEN DATA

［源泉名］中之郷尾越温泉
［泉　質］ナトリウム―塩化物強塩温泉
［源泉温度／pH値］64.3℃／6.7（中性）
［溶存物質（ガス性のものを除く）］25.78g/kg

ジャングルのような森に囲まれた混浴の秘湯温泉。

【八丈島】 ☎04996-2-5570　📍八丈島八丈町中之郷1442

1
中之郷温泉 やすらぎの湯

黒潮の海を望む海の展望を生かした温泉でやすらぎを得る

裏 見ヶ滝温泉に近い場所にありますが、こちらは海を眺める景観が魅力。男女別の浴室に大きな湯舟と洗い場があります。温度が高く塩の強い温泉が多い八丈島の中で、比較的やさしいお湯です。

ONSEN DATA
[源泉名] 中之郷温泉２号井
[泉　質] ナトリウム―塩化物温泉
[源泉温度／pH値] 44.8℃／6.2（中性）
[溶存物質（ガス性のものを除く）] 9.263g/kg

海を望む内湯。天気が良いときは青島まで見えるそうです。

【八丈島】 ☎04996-2-5570　📍八丈島八丈町末吉581-1

1
末吉温泉 みはらしの湯

高台に建つ見晴らしの良い露天風呂から太平洋の大海原を望む

そ の名の通り、見晴らしのよさが特徴。洗い場のある内湯から外に出ると、絶景が広がっています。昼間の入浴も爽快ですが、夜に満天の星空を見上げながらの入浴もロマンチックでおすすめです。

ONSEN DATA
[源泉名] 末吉かん沢温泉
[泉　質] 含よう素―ナトリウム―塩化物強塩温泉
[源泉温度／pH値] 47.5℃／6.9（中性）
[溶存物質（ガス性のものを除く）] 36.91g/kg

八丈島を代表する見晴らしの良さが魅力の温泉です。

【八丈島】 ☎04996-2-5570　📍八丈島八丈町末吉無番地

0
洞輪沢温泉

美肌作用を持つ泉質が魅力。海水浴帰りに立ち寄れる無料温泉

漁 港に隣接する無料の温泉施設です。島内の温泉の中で特徴的な泉質を持ち、肌がつるつるになる美肌の湯として人気です。肌をすっきりと洗い流し、肌の蘇生効果を持っている温泉です。

ONSEN DATA
[源泉名] 洞輪沢温泉
[泉　質] カルシウム・ナトリウム―炭酸水素塩・塩化物・硫酸塩温泉
[源泉温度／pH値] 41.2℃／7.8（弱アルカリ性）
[溶存物質（ガス性のものを除く）] 1.298g/kg

炭酸水素塩泉と硫酸塩泉の泉質を併せ持っています。

Column-3

温泉は本当に体に良いの？

　よく、「温泉は健康に良い」という話を耳にしますが、あらためてなぜ温泉が体にいいのかを考えてみましょう。

　そもそも、温泉でなくても「入浴」すること自体、健康に良い効果があることはご存知ですね？　体を温めれば血行が良くなるし、発汗を促します。血のめぐりが良くなれば体に必要な酸素や栄養素が体の隅々までめぐり、汗をかくことは体の老廃物を外に出すことにつながります。

　入浴の効果を具体的に挙げると、まず物理的な効果として❶温熱効果、❷水圧効果、❸浮力効果が挙げられます。温熱効果とは、入浴により体を温めることで得られる効果です。体を冷やすと免疫力が下がり、体を温めると新陳代謝が高まります。水圧効果とは、入浴によって全身に圧力がかかることで得られる効果です。肩までお湯に浸かったとき、体の表面積全体では500kg以上もの水圧がかかります。これにより内臓が刺激され内蔵運動を促すことができるのです。

　浮力効果とは、リハビリなどに利用されている効果です。水の中は浮力が働くため、体重は約10分の1になり体を楽に動かせるようになります。一方で水の抵抗力があるため、体の各部分を早く動かすことで筋力を強化する運動にもなります。筋力の弱った人や運動機能の低下した人のリハビリはこの効果を利用しています。

　入浴の物理的な効果に加えて、温泉の場合はさらに❹転地効果と❺薬理効果も加わります。転地効果とは、日常生活を離れ自然に囲まれた環境などに行くことでリラックスしたりリフレッシュしたりする効果です。薬理効果はまさに温泉ならではの効果。温泉の成分を吸収することにより得られる効果です。泉質により、その効果はさまざまです。

　入浴は健康に良い、温泉ならさらに温泉ならではの効果が得られる――だから、やっぱり温泉は体に良いのです。

Column-4

温泉の美肌効果

　美肌効果のある泉質は主に、炭酸水素塩泉、硫酸塩泉、硫黄泉の3つ。炭酸水素塩泉は、いわゆる重曹泉。重曹成分が石けんのようなクレンジング効果で汚れを落とし、肌をなめらかに仕上げます。硫酸塩泉は、肌の蘇生効果を高めしっとりと保湿します。傷や火傷の治癒にも効果的。硫黄泉は美白効果があると言われています。夏の日焼けした肌やシミなどには、硫黄泉がおすすめです。「美肌の湯」の中でも泉質によって美肌効果が異なるので、かならず泉質名を確認してみましょう。

　実はもう1つ美肌効果のある特徴的な湯があります。それは「弱アルカリ性温泉」です。人間の肌は弱酸性。アルカリ性の湯に触れると、肌の表面の余分な油や汚れを溶かして落としてくれる効果があることから、肌をさっぱりすべすべにしてくれます。分析書を見ると「pH値」という項目があります。pH6〜7.5が中性で、6未満が殺菌効果の高い酸性、7.5〜8.5未満が美肌効果の弱アルカリ性、8.5以上がアルカリ性に分類されています。pH値が高いと、お湯に触れたときヌルリとします。あまりアルカリ度が高いと湯上がり後に肌が乾燥しがちなので、弱アルカリの湯を「美肌の湯」と考える傾向がありますが、pHの高いトロトロの湯は肌あたりがとても気持ちよいので人気があります。くれぐれも湯上がり後にしっかり保湿！加えて、アルカリ性の温泉は浴槽が滑りやすいので注意しましょう。

Chapter-4

コスパ最高！
東京の町なか温泉銭湯

銭湯とは、厚生労働省の管轄で各都道府県の条例に基づいて
地域ごとに利用料金を定めて営業している「普通公衆浴場」のことです。
公衆浴場法、物価統制令に基づき、利用料金が驚くほどリーズナブル。
そんな銭湯の中で、温泉を提供している「温泉銭湯」をご紹介します。
安価に温泉を体験できる、コスパの良さが魅力です。

天然温泉 湯どんぶり栄湯
御谷湯
押上温泉 大黒湯
深川温泉 常盤湯
鶴の湯
乙女湯温泉
麻布黒美水温泉 竹の湯
第一金乗湯
ときわ健康温泉
天然温泉 久松湯
ぽかぽかランド鷹番の湯
渋谷笹塚温泉 栄湯
ゆ家 和ごころ 吉の湯
武蔵小山温泉 清水湯
北品川温泉 天神湯

戸越銀座温泉
中延温泉 松の湯
月見湯温泉
調布弁天湯
COCOFURO ますの湯
久が原湯
桜館
照の湯
ヌーランドさがみ湯
第一相模湯
はすぬま温泉
改正湯
ゆ〜シティ蒲田
蒲田温泉

【台東区】 ☎ 03-3875-2885 📍台東区日本堤1-4-5

天然温泉 湯どんぶり栄湯

溶存物質が少なめのやさしい天然温泉を太陽光で沸かすエコ銭湯

浅 草寺から北に約1.5km。「天然温泉 湯どんぶり栄湯」は、下町風情が色濃く残る台東区にあります。1979年から太陽光でお湯を沸かし、店内の照明はすべてLEDを使用している、地球にも環境にもやさしいエコ銭湯です。

O N S E N D A T A

[源泉名] 天然温泉 浅草日本堤 湯どんぶり栄湯
[泉　質] 泉質名なし（メタケイ酸の項により温泉に適合）
[源泉温度／pH値] 18.9℃／8.4（弱アルカリ性）
[溶存物質（ガス性のものを除く）] 0.241g/kg

湯舟を満たす天然温泉は、溶存物質が少なめのやさしいお湯。

【墨田区】 ☎ 03-3623-1695 📍墨田区石原3-30-10

御谷湯
（みこくゆ）

玄関は豊かな木の香り。福祉風呂や雨水利用で地域に愛される温泉銭湯

先 進的な取り組みを行っている下町の温泉銭湯。都内では珍しい「福祉型家族風呂」を備え、介護が必要な方とご家族が貸切で利用可能。浴室フロアは4階と5階で雰囲気が異なり、週替わりで男女入れ替え制。黒湯を異なる温度帯で楽しめるのが魅力です。

O N S E N D A T A

[源泉名] 御谷温泉
[泉　質] 泉質名なし（メタケイ酸の項により温泉に適合）
[源泉温度／pH値] 18.6℃／8.8（アルカリ性）
[溶存物質（ガス性のものを除く）] 0.419g/kg

高、中、低温の3つの温度帯で黒湯温泉を提供しています。

【墨田区】 ☎ 03-3622-6698 📍墨田区横川3-12-14

押上温泉 大黒湯

スカイツリーから徒歩10分！翌朝10時まで営業するオールナイト銭湯

押 上温泉大黒湯は、スカイツリーに近い下町の温泉銭湯です。館内でギャラリー展示を開催したり、さまざまなコラボ企画が行われているので、通うたびに新しい楽しさに出会えます。お湯は弱アルカリで肌をすっきりと洗い流す美肌の湯。

O N S E N D A T A

[源泉名] 押上温泉 大黒乃湯
[泉　質] 泉質名なし（メタケイ酸の項により温泉に適合）
[源泉温度／pH値] 20.2℃／8.3（弱アルカリ性）
[溶存物質（ガス性のものを除く）] 0.424g/kg

露天風呂は男性が奇数日、女性が偶数日の日替わりです。

【江東区】 ☎03-3631-9649 📍江東区常盤2-3-8

深川温泉 常盤湯
（ふかがわおんせん ときわゆ）

2023年にリニューアルし、新たに掘削した温泉を提供する温泉銭湯

昔 ながらの宮造り建築を生かしつつ、リニューアルで新たに温泉銭湯となった「深川温泉 常盤湯」は、風情ある佇まいが魅力。大江戸線の森下駅から徒歩5分の場所にあります。ほんのり金色に輝く温泉の泉質は、よく温まる塩化物泉です。

ONSEN DATA
[源泉名] 深川温泉
[泉 質] ナトリウム―塩化物冷鉱泉
[源泉温度／pH値] 17.4℃／7.3（中性）
[溶存物質（ガス性のものを除く）] 4.504g/kg

宮造りの堂々とした存在感のある佇まい。

【江戸川区】 ☎03-3689-0676 📍江戸川区船堀2-11-16

鶴の湯
（つるのゆ）

源泉かけ流しの露天風呂が大人気！ たっぷり黒湯の天然温泉

都 営新宿線「船堀」駅から徒歩5分。自家源泉の黒湯をかけ流しで提供する露天風呂が人気です。水風呂も、源泉をそのまま使用しています。江戸川区には、ほかにも「鶴の湯」があるので、お出かけの際はお間違えのないように。

ONSEN DATA
[源泉名] 船堀つるの湯黒湯温泉
[泉 質] 泉質名なし（メタケイ酸の項により温泉に適合）
[源泉温度／pH値] 18.0℃／7.9（弱アルカリ性）
[溶存物質（ガス性のものを除く）] 0.599g/kg

弱アルカリ性のつるつるとした源泉です。

【江戸川区】 ☎03-3689-1854 📍江戸川区船堀7-3-13

乙女湯温泉
（おとめゆおんせん）

黒湯の自家源泉を熱めの露天風呂と源泉水風呂で交互浴！

都 営新宿線「船堀」駅から徒歩13分。一之江 境川親水公園に近い「乙女湯温泉」は、黒湯の自家源泉が自慢の温泉銭湯。源泉を熱めに注ぐ露天風呂と、そのまま注ぐ水風呂で温冷交互浴が楽しめます。弱アルカリ性の湯で、肌はつるつるとなめらかに。

ONSEN DATA
[源泉名] 乙女湯温泉
[泉 質] 泉質名なし（メタけい酸・重炭酸そうだの項により温泉に適合）
[源泉温度／pH値] 17.5℃／8.4（弱アルカリ性）
[溶存物質（ガス性のものを除く）] 0.598g/kg

露天エリアにある広めの源泉風呂。向かいに源泉水風呂も。

【港区】　☎03-3453-1446　📍港区南麻布1-15-12

麻布黒美水温泉 竹の湯
（あざぶこくびすいおんせん たけのゆ）

麻布十番駅から徒歩5分！ 外国からの旅行者も訪れる都会の黒湯温泉

高級住宅地が広がる麻布十番で大正時代から営業を続ける「麻布黒美水温泉 竹の湯」では、肌をつるつるにする黒湯の温泉を「黒美水」と名付け、水風呂では加温・加水なしの源泉をそのまま提供。週末は込み合う時間もある人気の温泉銭湯です。

O N S E N　D A T A

[源泉名] 竹の湯
[泉　質] ナトリウム—炭酸水素塩冷鉱泉
[源泉温度／pH値] 17.4℃／8.5（アルカリ性）
[溶存物質（ガス性のものを除く）] 1.744g/kg

重曹成分を含む、弱アルカリ性のつるつるとした源泉です。

【板橋区】　☎03-3933-4357　📍板橋区若木1-19-6

第一金乗湯
（だいいちきんじょうゆ）

2019年に温泉認定を受けた井戸水温泉で浮世絵のペンキ絵を堪能！

東武東上線「上板橋」駅から徒歩10分。住宅街にある「第一金乗湯」は地元に愛される温泉銭湯です。天井が高く開放的で、浴室のペンキ絵が特徴的。丸山清人氏と中島盛夫氏の共作で安藤広重と葛飾北斎の浮世絵をモチーフに富士山が描かれています。

O N S E N　D A T A

[源泉名] 板橋 若木温泉
[泉　質] 泉質名なし（メタケイ酸の項により温泉に適合）
[源泉温度／pH値] 16.40℃／8.0（弱アルカリ性）
[溶存物質（ガス性のものを除く）] 0.186g/kg

風情あるペンキ絵を眺めながらゆっくりと浸かれます。

【板橋区】　☎03-3933-1487　📍板橋区中台1-25-5 ときわマンション

ときわ健康温泉
（ときわけんこうおんせん）

広い浴室と露天風呂でさまざまな入浴を。メタケイ酸のやさしい温泉

東武東上線「上板橋」駅から徒歩7分。「ときわ健康温泉」はバラエティに富んだ入浴を提供する温泉銭湯です。広い浴室にさまざまな設備風呂が並び、漢方の薬湯もよく温まると人気。弱アルカリ性のやさしいお湯だから家族でゆっくり楽しめます。

O N S E N　D A T A

[源泉名] 板橋温泉
[泉　質] 泉質名なし（メタケイ酸の項により温泉に適合）
[源泉温度／pH値] 15.8℃／8.1（弱アルカリ性）
[溶存物質（ガス性のものを除く）] 0.190g/kg

スタイリッシュで広い浴室。さまざまな湯舟があります。

【練馬区】 ☎03-3991-5092 📍練馬区桜台4-32-15

天然温泉 久松湯
(てんねんおんせん ひさまつゆ)

湧き出る温泉とプロジェクションマッピングで家族団らんの地域の場

西武池袋線「桜台」駅から徒歩5分。「光と風、雑木林の中の銭湯」をテーマに、中庭や露天風呂に緑が配置され、開放感を味わえる温泉銭湯です。温泉は、2014年のリニューアル時に掘削したもの。泉質は、よく温まる溶存物質豊富な塩化物泉です。

O N S E N D A T A

[源泉名] 桜台温泉久松
[泉　質] 含よう素―ナトリウム―塩化物強塩温泉
[源泉温度／pH値] 25.7℃／7.2（中性）
[溶存物質（ガス性のものを除く）] 34.0g/kg

露天風呂で自家源泉の温泉を提供しています。

【目黒区】 ☎03-6320-7633 📍目黒区鷹番2-2-1

ぽかぽかランド鷹番の湯
(たかばんのゆ)

学芸大学駅から徒歩7分。都会に湧く天然温泉で心も身体もぽかぽかに

東急東横線「学芸大学」駅から徒歩7分。住宅街にある「ぽかぽかランド 鷹番の湯」は、都会の空を眺めながら入浴できる露天風呂が魅力の温泉銭湯です。弱アルカリ性のやさしい温泉で、メタケイ酸の項目で温泉に適合する泉質名のない温泉です。

O N S E N D A T A

[源泉名] 鷹番の湯
[泉　質] 泉質名なし（メタケイ酸の項により温泉に適合）
[源泉温度／pH値] 16.9℃／7.9（弱アルカリ性）
[溶存物質（ガス性のものを除く）] 0.414g/kg

薄く黄色味を帯びた源泉は、肌をすっきりと洗い流します。

【渋谷区】 ☎03-3377-3369 📍渋谷区笹塚2-9-5

渋谷笹塚温泉 栄湯
(しぶやささづかおんせん さかえゆ)

笹塚駅から歩いてすぐ！ すべての浴槽を満たすメタケイ酸の天然温泉

京王線「笹塚」駅から甲州街道を渡って徒歩4分。「渋谷笹塚温泉 栄湯」は渋谷区にある温泉銭湯です。貸タオルやアメニティがそろっているので手ぶらで利用できる手軽さと、アットホームな雰囲気が魅力で、地元の人々に愛されています。

O N S E N D A T A

[源泉名] 渋谷笹塚温泉 栄湯
[泉　質] 泉質名なし（メタケイ酸の項により温泉に適合）
[源泉温度／pH値] 17.4℃／7.5（弱アルカリ性）
[溶存物質（ガス性のものを除く）] 0.346g/kg

ほんのり黄緑色に湯舟を満たすメタケイ酸の温泉です。

麻布黒美水温泉 竹の湯／第一金乗湯／ときわ健康温泉／天然温泉 久松湯／ぽかぽかランド鷹番の湯／渋谷笹塚温泉 栄湯

【杉並区】 ☎03-3315-1766 📍杉並区成田東1-14-7

ゆ家 和ごころ 吉の湯　1

土曜日だけつぼ湯に注がれる黒湯の天然温泉

京 王線「西永福」駅から徒歩約20分。和田堀公園の北に位置する「ゆ家 和ごころ 吉の湯」は、広い露天風呂が人気の温浴施設です。おすすめは、限定日に注がれる「麻布黒美水温泉」のつぼ湯。肌触りのよいなめらかな黒湯温泉を運び湯で提供しています。

O N S E N   D A T A

[源泉名] 竹の湯
[泉　質] ナトリウム—炭酸水素塩冷鉱泉
[源泉温度／pH値] 17.4℃／8.5（アルカリ性）
[溶存物質（ガス性のものを除く）] 1.744g/kg

広く開放的な露天風呂。つぼ湯のほか炭酸風呂が人気です。

【渋谷区】 ☎03-3781-0575 📍品川区小山3-9-1

武蔵小山温泉 清水湯　1

2つの天然温泉を銭湯料金で楽しめる唯一無二の温泉銭湯

格 安の銭湯料金で、黒湯と塩化物泉、2種類の温泉を楽しめるという、なんとも贅沢な温泉銭湯「武蔵小山温泉 清水湯」は、東急目黒線「武蔵小山」駅から徒歩5分。
　かけ流しやナノバブル導入など、良いことは率先して取り入れる「お客さま第一」の経営哲学で、地域にも温泉ファンにも愛されている人気の銭湯です。

O N S E N   D A T A

[源泉名] 清水湯（黒湯）
[泉　質] 泉質名なし（メタけい酸及び重炭酸そうだの項により温泉に適合）
[源泉温度／pH値] 17.8℃／8.3（弱アルカリ性）
[溶存物質（ガス性のものを除く）] 0.822g/kg

[源泉名] 地湧の泉 不老の山（黄金泉）
[泉　質] 含よう素—ナトリウム—塩化物強塩温泉
[源泉温度／pH値] 38.0℃／7.7（弱アルカリ性）
[溶存物質（ガス性のものを除く）] 18.06g/kg

黄金の湯をかけ流しで提供する露天風呂。塩の効果でぽかぽか。

黒湯は熱めなので黒湯から黒湯水風呂の温冷浴もおすすめ。

【品川区】 ☎03-3471-3562 📍品川区北品川2-23-9

北品川温泉 天神湯

笹塚駅から歩いてすぐ！ すべての浴槽を満たすメタケイ酸の天然温泉

京 急線「新馬場」駅から徒歩3分。品川駅も近いため、ビジネスマンや旅行者などが訪れる「北品川温泉 天神湯」は、温泉イメージを大きく覆すスタイリッシュな温泉銭湯です。2009年に導入された黒湯温泉は、東京の黒湯でも際立って色が濃い！

ONSEN DATA
[源泉名] 北品川温泉
[泉　質] ナトリウム―炭酸水素塩冷鉱泉
[源泉温度／pH値] 17.8℃／8.4（弱アルカリ性）
[溶存物質（ガス性のものを除く）] 1.933g/kg

とにかく黒い。弱アルカリ性のなめらかな温泉です。

【品川区】 ☎03-3782-7400 📍品川区戸越2-1-6

戸越銀座温泉

スタイリッシュなデザイナーズ銭湯として知られる人気の温泉銭湯

都 営浅草線「戸越」駅から徒歩3分。戸越銀座商店街のなかほどにある「戸越銀座温泉」は、日替わりで男女が入れ替わる「月の湯」と「陽の湯」が人気。それぞれに描かれているペンキ絵も、半露天風呂も、ここにしかないとっておきの魅力です。

ONSEN DATA
[源泉名] 戸越銀座温泉 中の湯
[泉　質] ナトリウム―炭酸水素塩冷鉱泉
[源泉温度／pH値] 20.9℃／8.8（アルカリ性）
[溶存物質（ガス性のものを除く）] 1.102g/kg

ペンキ絵がよく映えるスタイリッシュな空間と黒湯。

【品川区】 ☎03-3783-1832 📍品川区戸越6-23-15

中延温泉 松の湯

破風づくりの外観と松が見事な日本庭園が残る伝統的雰囲気の温泉銭湯

都 営浅草線「中延」駅から徒歩2分。昔懐かしい破風造りの屋根が目印。「中延温泉 松の湯」は、伝統的な銭湯の雰囲気を残しつつ、最新の設備を備えた温泉銭湯です。浴室で使われているお湯もカランもすべて天然温泉を利用しています。

ONSEN DATA
[源泉名] 中延温泉
[泉　質] 泉質名なし（メタケイ酸の項により温泉に適合）
[源泉温度／pH値] 18.9℃／7.0（中性）
[溶存物質（ガス性のものを除く）] 0.313g/kg

露天風呂は、男女とも高濃度炭酸泉の天然温泉。

【世田谷区】 ☎03-3321-6738 📍世田谷区赤堤5-36-16

月見湯温泉
つきみゆおんせん

源泉かけ流しの水風呂と広いサウナが人気の手ぶらで行ける温泉銭湯

京王線・東急線「下高井戸」駅から徒歩6分。世田谷区の住宅街にある「月見湯温泉」は天然温泉を提供する温泉銭湯です。電気風呂やハイパージェットなどの多彩な浴槽、別料金の広く大きなサウナが魅力で、老若男女が集う場として愛されています。

O N S E N　D A T A

［源泉名］月見湯温泉
［泉　質］泉質名なし（フェロ又はフェリイオン、メタケイ酸の項により温泉に適合）
［源泉温度／pH値］17.4℃／7.1（中性）
［溶存物質（ガス性のものを除く）］0.276g/kg

水風呂は天然温泉の掛け流し。

【大田区】 ☎03-3720-4434 📍大田区北嶺町10-11

調布弁天湯
ちょうふべんてんゆ

肌をすっきりと洗い流すやさしい湯が人気の温泉銭湯！

東急池上線「御嶽山」駅から徒歩1分。「調布弁天湯」は住宅街のマンションの1階につくられた温泉銭湯です。メタケイ酸の温泉はほんのり茶褐色で弱アルカリ性。温泉シャワーや湯とんマッサージなど変わった設備が人気です。

O N S E N　D A T A

［源泉名］御嶽山1号
［泉　質］泉質名なし（メタケイ酸の項により温泉に適合）
［源泉温度／pH値］17.1℃／8.4（弱アルカリ性）
［溶存物質（ガス性のものを除く）］0.417g/kg

薄褐色の天然温泉は溶存物質が少なめのやさしいお湯。

【大田区】 ☎03-6410-4797 📍大田区南久が原2-1-23

COCOFURO ますの湯
ここふろ　　　　　　　ゆ

サウナもマンガもある楽久屋が手がけるデザイナーズ型銭湯

東急池上線「久が原」駅の目の前。「COCOFUROますの湯」は、楽久屋が手掛けるデザイナーズ型銭湯「COCOFURO」シリーズの1号店です。銭湯では通常別料金のサウナも、3カ月に一度入れ替わるコミック読み放題も料金コミコミ。手ぶらで利用可能。

O N S E N　D A T A

［源泉名］天然温泉 益の湯
［泉　質］泉質名なし（重炭酸そうだの項により温泉に適合）
［源泉温度／pH値］17.6℃／8.5（アルカリ性）
［溶存物質（ガス性のものを除く）］0.58g/kg

肌をすっきり洗い流してくれるアルカリ度の高い黒湯の温泉。

【大田区】 ☎03-3754-4452　📍大田区久が原2-14-15

久が原湯
くがはらゆ

1

イベントで親子に人気！ 池上本門寺に近い住宅街の温泉銭湯

都　浅草線「西馬込」駅から14分。日蓮宗の大本山、池上本門寺に近い住宅街の一角にある「久が原湯」は、黒湯の天然温泉を有する銭湯です。洞窟のようなお風呂でぬるめの黒湯をゆっくり堪能できるほか、季節ごとのイベントが子ども連れの親子に人気です。

ONSEN DATA
[源泉名] 久が原温泉
[泉　質] ナトリウム―炭酸水素塩冷鉱泉
[源泉温度／pH値] 17.3℃／8.5（アルカリ性）
[溶存物質（ガス性のものを除く）] 1.102g/kg

温泉を満たす浴槽はぬるめと熱め、2種の温度から選べます。

【大田区】 ☎03-3754-2637　📍大田区池上6-35-5

桜館
さくらかん

1

地下88mから汲み上げる肌をなめらかにする黒湯の天然温泉

東　急池上線「池上」駅から6分。黒湯の天然温泉を有する銭湯「桜館」は、住宅街にあります。二代目店主が掘削した温泉は弱アルカリ性の黒湯で、肌をすっきりと洗い上げる美肌の湯。飲食フロア、休憩エリアもあるのでゆっくり過ごせる銭湯です。

ONSEN DATA
[源泉名] 純養褐層泉
[泉　質] ナトリウム―炭酸水素塩冷鉱泉
[源泉温度／pH値] 17.2℃／8.3（弱アルカリ性）
[溶存物質（ガス性のものを除く）] 1.372g/kg

天井が高く開放感のある弍の湯の浴室。

【大田区】 ☎090-8490-8272　📍大田区仲六郷3-23-6

照の湯
てるのゆ

1

水風呂も熱湯も黒湯の温泉を掛け流し！露天風呂が人気です

京　浜急行線「雑色」駅から徒歩5分。「照の湯」は、黒湯の聖地の中でも一段と色の濃い黒湯を源泉かけ流しで提供する温泉銭湯です。冷鉱泉を加熱して提供する露天風呂のほか、そのまま提供する水風呂もあり、なんと温泉で温冷交互浴を楽しめます。

ONSEN DATA
[源泉名] 照の湯
[泉　質] ナトリウム―炭酸水素塩・塩化物冷鉱泉
[源泉温度／pH値] 16.2℃／8.1（弱アルカリ性）
[溶存物質（ガス性のものを除く）] 2.183g/kg

とにかく黒い温泉の露天風呂が人気です。

【大田区】 ☎ 03-3739-1126 📍 大田区仲六郷2-7-5

ヌーランドさがみ湯

黒湯の温泉と8種類のバリエーション風呂など施設が充実！

京 浜急行線「雑色」駅から徒歩3分。温泉のほか、マッサージに食事処まで充実の施設。ひとりでゆっくり疲れを癒やしたり、大人数で温泉と宴会を楽しんだりと、幅広い利用が可能です。温泉は重曹を含んだ黒湯、肌をすっきりと洗い流す美肌の湯です。

ONSEN DATA
［源泉名］さがみ湯
［泉　質］ナトリウム―炭酸水素塩冷鉱泉
［源泉温度／pH値］16.2℃／8.1（弱アルカリ性）
［溶存物質（ガス性のものを除く）］2.183g/kg

肌になじむ湯触りのよい黒湯が人気です。

【大田区】 ☎ 03-3731-1993 📍 大田区西六郷2-29-2

第一相模湯
（だいいちさがみゆ）

「竜頭の滝」のダイナミックなタイル絵が見事な黒湯温泉

京 浜急行線「雑色」駅から徒歩12分。「第一相模湯」は、住宅街のマンション1階にある温泉銭湯です。浴室の壁面に描かれている「竜頭の滝」のダイナミックなタイル絵は見ごたえ十分。黒湯温泉の浴槽と水風呂のほか、高濃度炭酸泉も人気です。

ONSEN DATA
［源泉名］第一相模湯
［泉　質］ナトリウム―塩化物・炭酸水素塩冷鉱泉
［源泉温度／pH値］17.0℃／7.9（弱アルカリ性）
［溶存物質（ガス性のものを除く）］1.763g/kg

明るく清潔感のある浴室が人気です。

【大田区】 ☎ 03-3734-0081 📍 大田区西蒲田6-16-11

はすぬま温泉
（おんせん）

大正ロマンな雰囲気と随所におもてなしを感じる心地よい空間

東 急池上線「蓮沼」駅から徒歩2分。「はすぬま温泉」は2017年のリニューアル以降、大正ロマンをコンセプトにしたレトロモダンな銭湯として人気です。美しいタイル絵やステンドグラス、道後温泉をモチーフにした装飾などが旅情をかきたてます。

ONSEN DATA
［源泉名］蓮沼温泉
［泉　質］ナトリウム―塩化物・炭酸水素塩冷鉱泉
［源泉温度／pH値］19.8℃／7.7（弱アルカリ性）
［溶存物質（ガス性のものを除く）］1.173g/kg

よく温まる塩の効果と、肌をすっきりと洗い流す重曹効果が。

【大田区】 ☎03-3731-7078 📍大田区西蒲田5-10-5

改正湯(かいせいゆ)　1

1929年創業の銭湯の多い蒲田地域でも老舗中の老舗

J R「蒲田」駅から徒歩7分ほど。「改正湯」はビルの一角に設けられた黒湯の温泉銭湯です。1929年創業の老舗でありながら、壁面の水槽や最新設備の導入などで、幅広い年代から愛されています。黒湯温泉に炭酸ガスを加えた黒湯炭酸泉が人気です。

ONSEN DATA
[源泉名] 女塚温泉
[泉　質] ナトリウム—炭酸水素塩冷鉱泉
[源泉温度／pH値] 17.8℃／8.4（弱アルカリ性）
[溶存物質（ガス性のものを除く）] 2.242g/kg

黒湯温泉を温浴、水風呂、炭酸泉で楽しめるのが魅力です。

【大田区】 ☎03-5711-1126 📍大田区蒲田1-26-16

ゆ〜シティ蒲田(かまた)　1

名物の温泉は重曹成分を含む美肌効果の高い黒湯です

J R「蒲田」駅から徒歩5分。地下120mから届く黒湯の温泉のほか、さまざまなバリエーション風呂、飲食スペースにイベントホールまでそろう施設充実型の施設です。舞台で開催される歌手や芸人によるイベントを楽しみにしている方も多いのでは。

ONSEN DATA
[源泉名] 黒湯の温泉
[泉　質] ナトリウム—炭酸水素塩冷鉱泉
[源泉温度／pH値] 18.0℃／8.7（アルカリ性）
[溶存物質（ガス性のものを除く）] 1.193g/kg

肌をすっきりと洗い流す、色の濃い黒湯です。

【大田区】 ☎03-3732-1126 📍大田区蒲田本町2-23-2

蒲田温泉(かまたおんせん)　1

1937年創業。大田区の黒湯を代表する都内屈指の有名温泉

黒 湯銭湯が多く集まる大田区で、1937年から続く東京の黒湯を代表する銭湯温泉です。とにかく黒い温泉を薪で沸かし、ベテランをもうならせる都内屈指の熱湯は、50℃近くになることも。熱いのが苦手な方は、適温の低温湯をお試しください。

ONSEN DATA
[源泉名] 蒲田温泉
[泉　質] ナトリウム—炭酸水素塩・塩化物冷鉱泉
[源泉温度／pH値] 18.0℃／7.9（弱アルカリ性）
[溶存物質（ガス性のものを除く）] 2.327g/kg

弱アルカリ性のつるつるとした源泉を、加水なしで提供。

column-5

人生を変えた思い出の温泉

日本は世界有数の温泉大国です。国内でさまざまな温泉をめぐり、ときには海外の温泉にも足を運んできました。今まで訪れた温泉の中で、私の人生に深く影響を与えた思い出深い温泉をご紹介します。

ほったらかし温泉（山梨県）

仕事の都合で山梨県に住むことになって、温泉めぐりを開始。「温泉がこんなにぬるいなんて！」と驚きました。ほったらかし温泉は、景観が素晴らしい温泉露天風呂です。ぬるいからこそ、長時間ゆっくり浸かることができました。この体験がきっかけとなって、温泉をもっと学びたいと、温泉にハマることになりました。

然別湖コタン氷上露天風呂（北海道）

厳冬期のみ、凍った湖の上に登場する氷でつくられた露天風呂。氷の湯舟に腐植質を含むお湯が注がれ、寒い場所で温かい湯に浸かれる幸せを感じました。濡れたタオルはすぐに凍ってパキパキになる寒さ。体を温めることの大切さ、温泉と健康のつながり、健康がもたらす豊かな人生を実感し、健康への意識がより高まりました。

本沢温泉（長野県）

日本一標高の高い場所にある露天風呂があると聞いて、八ヶ岳の登山道を２時間歩いてたどり着いた本澤温泉は、知る人ぞ知る山の秘湯。熱いと聞いていたものの、前日の雨で少しぬるめのお湯に浸かったとき、自然のままに湧出する地球の恵みに大きな感動を覚えました。

ブルーラグーン（アイスランド）

発電所の排熱を利用した世界一大きな露天風呂として知られるブルーラグーンは、水着で楽しむ温泉リゾート。お酒を飲んだり、おしゃべりしながら楽しむ人や、目を閉じて黙々と湯に浸かる人など、老若男女が思い思いに過ごしている様子に、多様な温泉の可能性を感じました。

きっとあなたにも、人生に深く影響を及ぼすような、温泉体験があるのではないでしょうか。もしまだでしたら、本書を通じてそんな温泉にめぐり合うことができるよう、心から楽しみにしております。

Extra Edition

番外編

サウナが魅力の
最新温浴リトリート

全国には、温泉を使用していない「温浴施設」もたくさんあります。
とくにここ数年はサウナブームにより、画期的なサウナ施設が次々に登場しています。
そこで、番外編として、温泉ではないけれど温活におすすめしたい、
魅力的な温浴施設や最新のサウナ施設などをご紹介します。

SORANO HOTEL
TOTOPA 都立明治公園店
テルマー湯 西麻布店
タイムズ スパ・レスタ
YUURO Bath-Living Hotel Ryogoku
両国湯屋 江戸遊

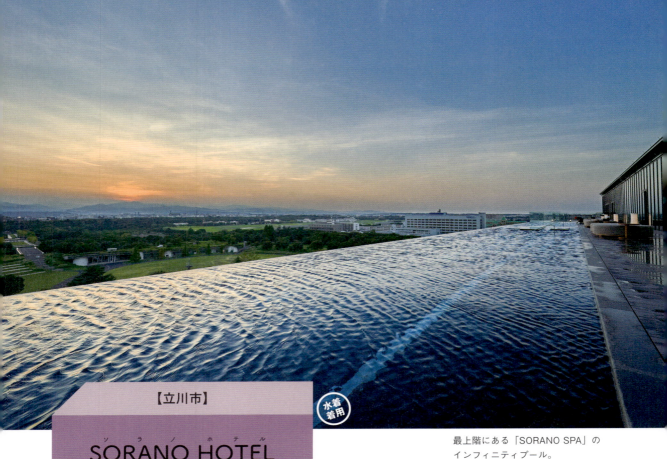

最上階にある「SORANO SPA」の
インフィニティプール。

【立川市】

SORANO HOTEL
ソラノホテル

042-540-7777
立川市緑町3-1-W1

昭和記念公園と富士山を
一望する温泉を使用した
ウェルネス温浴施設
心をほぐす
とっておきの休日に

JR立川駅から徒歩およそ8分。大型複合施設の「GREEN SPRINGS」とともに登場した「SORANO HOTEL」は、ウェルビーイングな滞在を提供する新発想のラグジュアリーホテルです。

最上階にある「SORANO SPA」は温泉を使った温浴施設。水着で楽しむパークビューのインフィニティプールのほか、インドアスパ、サウナ、ジムスタジオなどを備えています。

ホテル計画時に掘り当てた自家源泉「そらの温泉」の湧出量の問題で、源泉を守るためにも「温泉を使った温浴施設」として利用しているとのこと。そのエピソードからサステナブルな方針と真摯さが、より一層しっかりと伝わってきます。

部屋は全室52㎡以上の贅沢なサイズで、バルコニー付き、パークビュー。特別な記念日や自分へのごほうびなど、とっておきの休日におすすめです。

愛犬と一緒に滞在できるドッグフレンドリールームもあり、ペット同伴で入場できる昭和記念公園の観光と合わせて人気です。

ロビー階にあるレストランは一般利用も可能。大きなガラス窓から自然光が差し込む明るい空間で、心にも体にもやさしい料理を提供しています。スパエリアの利用は、宿泊者とSPA会員のほか、特別プログラム参加者などに限られています。

インドアスパエリアも水着着用。体を温める採暖槽とサウナがあります。

窓の向こうに昭和記念公園の緑が広がる客室。
広々とした贅沢サイズです。

ロビー階のレストランは一般の利用も可能。
地元の新鮮野菜を使った料理や地酒などが楽しめます。

グランピングをイメージした天井が美しいメインロビー。

ONSEN DATA

［源泉名］そらの温泉
［泉　質］ナトリウム—塩化物・炭酸水素塩温泉
［源泉温度／pH値］29.6℃／8.2（弱アルカリ性）
［溶存物質（ガス性のものを除く）］1.849g/kg

SORANO HOTEL

男性フロアのサウナは「左室」「右室」「ナ室」の3種類。

【新宿区】

TOTOPA
都立明治公園店
（とりつめいじこうえんてん）

☎ 03-3274-0865
📍 新宿区霞ヶ丘町5-7
都立明治公園内A棟2階3階

都立明治公園の中で「ととのい」体験 都市型スパ TOTOPA

TOKYO2020の開会式が行われた国立競技場の南側に位置する「都立明治公園」は、都営住宅跡地を再整備し、生まれた憩いの場です。この公園の中に、新しい都市型スパが誕生しました。「TOTOPA」は、サウナを楽しむ温浴施設。男性フロアには3つのサウナと2つの水風呂、3つの休憩スペースがあり、18通りの「ととのい」を体験できます。女性フロアには、薬草スチームの蒸し湯とサウナ、広いパウダースペースがあり、身体も肌も「ととのう」仕組み。ランナーズロッカーがあるので、ジョギングや運動をした後、汗を流す場所としてもおすすめです。

男性フロアの浴室。水風呂も温水も大きく開放的。

女性フロアのロッカールームは、広く美しい空間です。

【港区】 ☎03-6434-5937 ●港区西麻布1-7-2
テルマー湯 西麻布店　3

サウナ、スパ、フィットネスがそろう終電後も安心のオアシス！

六本木駅から徒歩5分。古代エジプトをイメージした装飾が目を引く「テルマー湯 西麻布」は、サウナ、スパ、フィットネスなどの体験を都会の一等地で提供する宿泊施設のある温浴施設です。

広く大きなサウナに深めの水風呂、男女で利用できる岩盤浴や休憩ルーム、さらに、広いフィットネス空間にジムマシンをそろえ、仕事の合間に運動やリフレッシュしたいビジネスマンに人気。深夜も営業しているので、終電後の仮眠にも使えます。

このゴージャス感のあるエントランスが施設の目印。

【豊島区】 ☎03-5979-8924 ●豊島区東池袋4-25-9 タイムズステーション池袋10〜12階
タイムズ スパ・レスタ　3

池袋サンシャインシティの前にある都会の癒やし空間でくつろぐ

サンシャインシティの向かい、駐車場ビル10〜12階にある「タイムズ スパ・レスタ」は、都市型の癒やし空間として人気の温浴施設です。照明や香りにこだわった上質なくつろぎ空間が魅力、ゆっくりリラックスタイムを過ごしたい人におすすめです。ジェットバスや炭酸泉など多彩な入浴が楽しめ、露天風呂の大画面では映画を上映。フィンランドサウナや塩サウナ（女性のみ）も備え、水風呂のほかに「桶シャワー」も人気。心からリラックスできる空間です。

男女フロアとも木の香り漂うフィンランドサウナ。

【墨田区】 ●墨田区両国4-30-5 9F
YUURO Bath-Living Hotel Ryogoku　5

両国に登場した斬新なコンセプトの温浴ホテルで都市型リトリート

両国駅から徒歩6分。「YUURO Bath-Living Hotel Ryogoku」はオープンしたばかりの新しいコンセプトの温浴ホテルです。京葉道路沿いのビルの最上階に位置し、部屋の中央に設けられた大きなリビングルームにシームレスにつながる大きな浴室が特徴。1日1組限定の「バスリビング」空間で都市型リトリートを提供します。また、大きな窓からは東京の美しい夜景を一望でき、日常のストレスから一気に解放される至福のひとときが目の前に広がります。

大きな窓と大きな湯舟、サウナ室が魅力の施設です。

女性フロアの内湯エリア。北斎の描く「赤富士」がひときわ目を引きます。

【墨田区】
両国湯屋 江戸遊
りょうごくゆや えどゆう

☎ 03-3621-2611
📍 墨田区亀沢1-5-8

3

相撲の街、両国にある白銀ののれんをくぐって北斎の富士山を眺める湯浴みを楽しむ

日本の相撲の聖地であり、江戸東京博物館のすぐ近くにある温浴施設「両国湯屋 江戸遊」は、江戸の風情あふれる温浴施設です。大浴場の壁一面には、この地ゆかりの北斎の描く浮世絵がタイルで表現され、ひときわ目を引きます。「富嶽三十六景」から女湯は赤富士、男湯は神奈川沖浪裏。どちらも北斎を代表する人気作品です。

内湯エリアには人気の高濃度炭酸風呂を配置。男女ともフィンランドサウナを含む2種のサウナを備えています。露天風呂には漢方薬湯や寝湯を備え、男湯からは雲形の吹き抜け、女湯からは空を見ることができます。旧湯舟のワークスペースや、旧サウナの会議室のほか、畳の間、板の間、庭などさまざまなリラックス空間が魅力です。

露天風呂エリアの漢方薬湯が人気です。

江戸小紋の意匠が施された和風モダンな外観。

男湯サウナは大きく広さがあります。

お休み処の畳の間。

Column-6

中央温泉研究所研究員と温泉研究家の温泉対談

　日本の温泉分析機関の代表機関であり、温泉分析書をチェックするようになると多くの施設で目にするのが、中央温泉研究所の分析書です。同研究所研究員の滝沢英夫さんと筆者が、東京の温泉について語り合ってみました。

【対談】中央温泉研究所　滝沢英夫さん

渡部　本日はよろしくお願いいたします。

滝沢　よろしくお願いいたします。

渡部　滝沢さんは中央温泉研究所で年間どれぐらいの数の温泉を分析されているのですか？

滝沢　登録分析は年間60本程度、そのほかに調査が年間60本ほどありますので、合わせると年間でかかわる温泉は100〜120本ほどです。

渡部　滝沢さんはどのようなきっかけで温泉にかかわるようになったのでしょうか？

滝沢　学生のころ、地球内部の情報を知ることに興味があり、地質学を専門としていて、元素の同位体組成に関する調査研究のために、式根島の地鉈温泉に通っていました。それがきっかけというわけではありませんが、その後、就職の際にたまたまご縁をいただき、中央温泉研究所に入ることになりました。

渡部　もともとは地質の専門家だったのですね。それから今まで、いろいろな温泉を調査のために訪れていらっしゃると思います。滝沢さんがとくに興味のある温泉といえばどちらですか？

滝沢　やはり昔から慣れ親しんできた「地鉈温泉」ですね。

渡部　地鉈温泉は秘湯と呼ぶにふさわしい、景観とロケーションが見事な温泉ですね。

滝沢　切り立った山の谷間と海の境目に湧いている自噴の温泉です。炭酸ガスが発生してポコポコという音を立てています。湧出温度が高いので、ちょうど潮が満ちているときに、海水と合わさってお湯の温度が下がったときしか入れないという点も面白い温泉です。

渡部　私も初めて訪れた時は、東京にこんな温泉があるなんて、と本当に驚きました。式根島は東京都ではありますが、まだまだ都内でも知っている人が少ないように思います。

滝沢　地鉈温泉は、フランスではけっこう知られているんですよ。戦時中の地鉈温泉の入浴体験を紀行文で出版した人がいるそうで、その紀行文を読んでフランスから来たという方と会ったことがあります。

渡部　そうなのですね。ところで滝沢さん、都内の温泉の特徴についてお聞きしたいのですが、私が都内の温泉を分類するとしたら、強い塩の塩化物泉、黒湯を含む炭酸水素塩泉、あと、あきる野方面の単純硫黄泉、あとはアルカリ度の高い単純温泉と、泉質名のつかない温泉の大きく分けて5種類だと思いますが、この点についてはいかがでしょうか。

滝沢　とてもよく調べていらっしゃると思います。単純温泉は都内にあまりないので、泉質名のつかない温泉と一緒にしてもいいかもしれません。また、1つご提案するとしたら、東京東部の強塩温泉と、島嶼地域の塩化物泉は、まったく異なる由来であるため、2つの塩化物泉と分けて考えることもできると思います。

渡部　なるほど、東京東部の強塩温泉と島嶼地域の塩化物泉は、どのように違うのですか？

滝沢　都内の強塩温泉は1,000m以深の深い地層から湧出する温泉で、これは上総層群という地層にある海水の化石と言われています。一方で、島嶼地域の塩化物泉は、現在の海水を含む成分が温められて塩化物泉となっています。

渡部　確かに、都内の強塩温泉はだいたい「含よう素泉」でもありますね。島嶼の塩化物泉にはよう素が含まれていません。これは、海水の化石と関係するのでしょうか。

滝沢　その通りです。だから泉質としては同じ塩化物泉であっても、温泉の特徴は異なります。

渡部　都内の温泉のもう1つの特徴である黒湯は、浅いところから汲み上げているようですね。

自然の神秘を感じるダイナミックな東京の秘湯「地鉈温泉」。

滝沢　上総層群の上に乗っている氷河期時代の地層から出てくる温泉で、有機物を多く含んでいることから黒い色が特徴となっています。実は新しい施設で、この強塩温泉と黒湯をハイブリッドで楽しめる温泉があります。黒湯は弱アルカリ性が多いので、肌の汚れを落としてくれますが、肌が乾燥しやすい。そこに、塩化物泉がブレンドされることで、ほどよく肌の乾燥を防いでくれます。瀬田にあるのですがご存じでしょうか？

渡部　はい。今回取材にはお伺いしたのですが、会員制の温泉のため、掲載はできませんでした。ただ、他の施設で、同じような泉質の温泉があり、とてもバランスのいいお湯だと感じました。それは立川にあり、瀬田とは少し離れているのですが……。

滝沢　立川ですか。実際にお湯を引き入れている深さなどを確認しないとわかりませんが、たぶん黒湯と強塩温泉のハイブリッドという意味では同じような泉質だと思います。深い温泉と浅い温泉が混ざり合うことで、塩が強すぎず、乾燥も防いでくれる、バランスの良い温泉という新しい魅力が生まれたわけですね。

渡部　なるほど。確かに、新しい魅力と考えることもできますね。

滝沢　都内の温泉でもう1つ、ぜひ特筆したい変わった温泉といえば、青ヶ島の「ひんぎゃ」です。ひんぎゃとは、地熱によって水蒸気が噴出する場所で、その水蒸気を利用した天然サウナ、「ふれあいサウナ」があります。お湯に浸かる温泉とは違いますが、水蒸気で体を温めるサウナ形式の温泉ということで、ぜひ体験してみていただきたいです。

地面から水蒸気が噴き出す青ヶ島の天然サウナ「ひんぎゃ」。

渡部　今回、残念ながら青ヶ島は本文に掲載していないので、このページでご紹介させていただきます。サウナは今、とても人気がありますので、番外編のサウナ施設もぜひ楽しんでいただけたらうれしいです。最後に、滝沢さんのおすすめの温泉の楽しみ方を教えてください。

滝沢　そうですね、やはり分析書をチェックして、泉質名やpHなどを確認して入浴すると、その温泉の特徴をより感じることができると思いますので、分析書を見る〝くせ〟をつけて温泉を楽しんでほしいですね。

渡部　まさに、私が本書でお伝えしたいことがそれです。泉質や特徴を知れば、もっと温泉が楽しくなると、私も思います。この本には分析書の項目の中でもとくにチェックしてほしい温泉データを掲載しているので、ぜひ参考にしていただけたらうれしいです。滝沢さん、本日はありがとうございました。

滝沢　ありがとうございました。

立川市の源泉かけ流しの宿「Auberge TOKITO」。

中央温泉研究所の入口前で研究員の滝沢さんと。

TOKYO ONSEN MAP

東京都区部　多摩地域　島嶼部

※法令上の「東京都内」とは、「東京都区部＋多摩地域＋島嶼部」（東京都全域）を言います。

【足立区】
- 01 THE SPA 西新井 大師の湯 056
- 02 大谷田温泉 明神の湯 058

【板橋区】
- 03 第一金乗湯 108
- 04 ときわ健康温泉 108
- 05 前野原温泉 さやの湯処 052

【江戸川区】
- 06 乙女湯 107
- 07 鶴の湯 107

【大田区】
- 08 調布弁天湯 112
- 09 COCOFURO ますの湯 112
- 10 久が原湯 113
- 11 SPA&HOTEL 和 029
- 12 桜館 113
- 13 はすぬま温泉 114
- 14 改正湯 115
- 15 ゆ〜シティ蒲田 115
- 16 天然温泉平和島 060
- 17 第一相模湯 114
- 18 照の湯 113
- 19 ヌーランドさがみ湯 114
- 20 蒲田温泉 115
- 21 泉天空の湯 羽田空港 038

【江東区】
- 22 深川温泉 常盤湯 107
- 23 ラビスタ東京ベイ 014
- 24 東京豊洲 万葉倶楽部 042
- 25 泉天空の湯 有明ガーデン 040

【品川区】
- 26 武蔵小山温泉 清水湯 110
- 27 戸越銀座温泉 111
- 28 中延温泉 松の湯 111
- 29 北品川温泉 天神湯 111

【渋谷区】
- 30 渋谷笹塚温泉 栄湯 109

【新宿区】
- 31 テルマー湯 新宿店 048
- 32 ONSEN RYOKAN 由縁新宿 016
- 33 TOTOPA 都立明治公園店 120

【杉並区】
- 34 荻窪なごみの湯 061
- 35 高井戸天然温泉 美しの湯 062
- 36 ゆ家 和ごころ 吉の湯 110

【墨田区】
- 37 YUURO Bath-Living Hotel Ryogoku 121
- 38 両国湯屋 江戸遊 122
- 39 御谷湯 106
- 40 押上温泉 大黒湯 106

【世田谷区】
- 41 THE SPA 成城 064
- 42 月見湯温泉 112
- 43 由縁別邸 代田 018

【台東区】
- 44 天然温泉 湯どんぶり栄湯 106
- 45 天然温泉 凌雲の湯 御宿 野乃浅草 022
- 46 天然温泉 凌天の湯 御宿 野乃浅草 別邸 023

【中央区】
- 47 天然温泉 七宝の湯 ドーミーインPREMIUM銀座 024
- 48 スーパーホテルPremier銀座 026
- 49 亀島川温泉 新川の湯 ドーミーイン東京八丁堀 025

【千代田区】
- 50 SPA大手町 045
- 51 星のや東京 008
- 52 スーパーホテルPremier秋葉原 027

【豊島区】
- 53 スーパーホテル池袋西口天然温泉 028
- 54 スーパーホテルPremier池袋天然温泉 026
- 55 タイムズ スパ・レスタ 121
- 56 天然温泉 豊穣の湯 ドーミーイン池袋 024
- 57 東京染井温泉 SAKURA 050

【練馬区】
- 58 豊島園 庭の湯 054
- 59 天然温泉 久松湯 109

【文京区】
- 60 ホテル椿山荘 東京 020
- 61 東京ドーム天然温泉 Spa LaQua 046

【港区】
- 62 テルマー湯 西麻布店 121
- 63 麻布黒美水温泉 竹の湯 108
- 64 ザ・プリンス パークタワー東京 010

【目黒区】
- 65 ぽかぽかランド鷹番の湯 109

市町村

【奥多摩町】
- Ⓐ 氷川郷麻葉の湯 三河屋旅館 032
- Ⓑ 奥多摩温泉 もえぎの湯 094
- Ⓒ 奥多摩の風 はとのす荘 033

【檜原村】
- Ⓓ 蛇の湯温泉 たから荘 034
- Ⓔ 檜原温泉センター 数馬の湯 095

【青梅市】
- Ⓕ 東京・青梅石神温泉 清流の宿 おくたま路 031
- Ⓖ 亀の井ホテル 青梅 030
- Ⓗ 河辺温泉 梅の湯 088

【日の出町】
- Ⓘ 生涯青春の湯 つるつる温泉 092

【あきる野市】
- Ⓙ 秋川渓谷 瀬音の湯 090

【東久留米市】
- Ⓚ 名水天然温泉 SPADIUM JAPON 071

【昭島市】
- Ⓛ 昭島温泉 湯楽の里 081

【立川市】
- Ⓜ SORANO HOTEL 118
- Ⓝ Auberge TOKITO 012

【小平市】
- Ⓞ 小平天然温泉 テルメ小川 079
- Ⓟ おふろの王様 花小金井店 070

【国立市】
- Ⓠ 国立温泉 湯楽の里 080

【八王子市】
- Ⓡ 京王高尾山温泉 極楽湯 086
- Ⓢ 竜泉寺の湯 八王子みなみ野店 082

【多摩市】
- Ⓣ 天然温泉極楽湯 多摩センター店 078

【稲城市】
- Ⓤ 稲城天然温泉 季乃彩 072
- Ⓥ よみうりランド眺望温泉 花景の湯 076

【調布市】
- Ⓦ 深大寺天然温泉 湯守の里 066
- Ⓧ 天然温泉 仙川 湯けむりの里 068

【町田市】
- Ⓨ 天然温泉 ロテン・ガーデン 084
- Ⓩ 多摩境天然温泉 森乃彩 074
- ＆ 東京・湯河原温泉 万葉の湯 町田 044

128　東京都区部　多摩地域　島嶼部

TOKYO ONSEN MAP

東京都区部　多摩地域　島嶼部

弟島
兄島
父島
小笠原村

大島
大島町

利島村
利島

新島

新島村
式根島

母島
姉島　妹島

神津島
神津島村

三宅村
三宅島

御蔵島村
御蔵島

青ヶ島村
青ヶ島

八丈町
八丈島

【大島町】
ア　伊豆大島 大島温泉ホテル　098
イ　大島温泉 元町浜の湯　099

【新島村】
ウ　湯の浜露天風呂　100
エ　ままShimoshita温泉　100
オ　地鉈温泉　100
カ　松が下雅湯　101
キ　足付温泉　101

【神津島村】
ク　神津島温泉保養センター　101

【三宅村】
ケ　ふるさとの湯　102

【八丈町】
コ　樫立向里温泉 ふれあいの湯　102
サ　裏見ヶ滝温泉　102
シ　末吉温泉 みはらしの湯　103
ス　洞輪沢温泉　103
セ　中之郷温泉 やすらぎの湯　103

50音別インデックス

【あ行】

秋川渓谷 瀬音の湯｜あきがわけいこくせおとのゆ 090
昭島温泉 湯楽の里｜あきしまおんせんゆらのさと 081
麻布黒美水温泉 竹の湯｜あざぶこくびすいおんせんたけのゆ 108
足付温泉｜あしつきおんせん 101
伊豆大島 大島温泉ホテル｜いずおおしまおおしまおんせんほてる 098
泉天空の湯 有明ガーデン｜いずみてんくうのゆありあけがーでん 040
泉天空の湯 羽田空港｜いずみてんくうのゆはねだくうこう 038
稲城天然温泉 季乃彩｜いなぎてんねんおんせんときのいろどり 072
裏見ヶ滝温泉｜うらみがたきおんせん 102
大島温泉 元町浜の湯｜おおしまおんせんもとまちはまのゆ 099
Auberge TOKITO｜おーべるじゅときと 012
大谷田温泉 明神の湯｜おおやだおんせんみょうじんのゆ 058
荻窪天然温泉 なごみの湯｜おぎくぼてんねんおんせんなごみのゆ 061
奥多摩温泉 もえぎの湯｜おくたまおんせんもえぎのゆ 094
奥多摩の風 はとのす荘｜おくたまのかぜはとのすそう 033
押上温泉 大黒湯｜おしあげおんせんだいこくゆ 106
乙女湯温泉｜おとめゆおんせん 107
おふろの王様 花小金井店｜おふろのおうさまはなこがねいてん 070
ONSEN RYOKAN 由縁 新宿｜おんせんりょかんゆえんしんじゅく 016

【か行】

改正湯｜かいせいゆ 115
樫立向里温泉 ふれあいの湯｜かしだてむかいざとおんせんふれあいのゆ 102
河辺温泉 梅の湯｜かべおんせんうめのゆ 088
蒲田温泉｜かまたおんせん 005
亀島川温泉 新川の湯 ドーミーイン東京八丁堀｜かめじまがわおんせんしんかわのゆどーみーいんとうきょうはっちょうぼり 025
亀の井ホテル 青梅｜かめいのほてるおうめ 030
北品川温泉 天神湯｜きたしながわおんせんてんじんゆ 111
久が原湯｜くがはらゆ 113
国立温泉 湯楽の里｜くにたちおんせんゆらのさと 080
京王高尾山温泉 極楽湯｜けいおうたかおさんおんせんごくらくゆ 086
神津島温泉保養センター｜こうづしまおんせんほようせんたー 101
COCOFURO ますの湯｜ここふろますのゆ 112
小平天然温泉 テルメ小川｜こだいらてんねんおんせんてるめおがわ 079

【さ行】

桜館｜さくらかん 113
THE SPA 成城｜ざすぱせいじょう 064

【さ行】

- THE SPA 西新井 大師の湯 ｜ ざすぱにしあらいだいしのゆ 056
- ザ・プリンス パークタワー東京 ｜ ざぷりんすぱーくたわーとうきょう 010
- 地鉈温泉 ｜ じなたおんせん 100
- 渋谷笹塚温泉 栄湯 ｜ しぶやささづかおんせんさかえゆ 109
- 蛇の湯温泉たから荘 ｜ じゃのゆおんせんたからそう 034
- 生涯青春の湯 つるつる温泉 ｜ しょうがいせいしゅんのゆつるつるおんせん 092
- 深大寺天然温泉 湯守の里 ｜ じんだいじてんねんおんせんゆもりのさと 066
- スーパーホテル池袋西口天然温泉 ｜ すーぱーほてるいけぶくろにしぐちてんねんおんせん 028
- スーパーホテル Premier 秋葉原 ｜ すーぱーほてるぷれみああきはばら 027
- スーパーホテル Premier 池袋天然温泉 ｜ すーぱーほてるぷれみあいけぶくろてんねんおんせん 026
- スーパーホテル Premier 銀座 ｜ すーぱーほてるぷれみあぎんざ 026
- 末吉温泉 みはらしの湯 ｜ すえよしおんせんみはらしのゆ 103
- SPA 大手町 ｜ すぱおおてまち 045
- SPA&HOTEL 和 ｜ すぱあんどほてるなごみ 029
- SORANO HOTEL ｜ そらのほてる 118

【た行】

- 第一金乗湯 ｜ だいいちきんじょうゆ 108
- 第一相模湯 ｜ だいいちさがみゆ 114
- タイムズ スパ・レスタ ｜ たいむずすぱれすた 121
- 高井戸天然温泉 美しの湯 ｜ たかいどてんねんおんせんうつくしのゆ 062
- 多摩境天然温泉 森乃彩 ｜ たまさかいてんねんおんせんもりのいろどり 074
- 調布弁天湯 ｜ ちょうふべんてんゆ 112
- 月見湯温泉 ｜ つきみゆおんせん 112
- 鶴の湯 ｜ つるのゆ 107
- 照の湯 ｜ てるのゆ 113
- テルマー湯 新宿店 ｜ てるまーゆしんじゅくてん 048
- テルマー湯 西麻布店 ｜ てるまーゆにしあざぶてん 121
- 天然温泉 極楽湯 多摩センター店 ｜ てんねんおんせんごくらくゆたませんたーてん 078
- 天然温泉 七宝の湯 ドーミーイン PREMIUM 銀座 ｜ てんねんおんせんせんしっぽうのゆどーみーいんぷれみあむぎんざ 024
- 天然温泉 仙川 湯けむりの里 ｜ てんねんおんせんせんがわゆけむりのさと 068
- 天然温泉 久松湯 ｜ てんねんおんせんひさまつゆ 109
- 天然温泉 平和島 ｜ てんねんおんせんへいわじま 060
- 天然温泉 豊穣の湯 ドーミーイン池袋 ｜ てんねんおんせんほうじょうのゆどーみーいんいけぶくろ 024
- 天然温泉 湯どんぶり栄湯 ｜ てんねんおんせんゆどんぶりさかえゆ 106
- 天然温泉 凌雲の湯 御宿 野乃浅草 ｜ てんねんおんせんりょううんのゆおんじゅくののあさくさ 023
- 天然温泉 凌天の湯 御宿 野乃浅草 別邸 ｜ てんねんおんせんりょうてんのゆおんじゅくののあさくさべってい 022
- 天然温泉 ロテン・ガーデン ｜ てんねんおんせんろてんがーでん 084
- 東京・青梅石神温泉 清流の宿 おくたま路 ｜ とうきょうおうめいしがみおんせんせいりゅうのやどおくたまじ 031
- 東京染井温泉 SAKURA ｜ とうきょうそめいおんせんさくら 050
- 東京豊洲 万葉倶楽部 ｜ とうきょうとよすまんようくらぶ 042
- 東京ドーム天然温泉 Spa LaQua ｜ とうきょうどーむてんねんおんせんすぱらくーあ 046

東京・湯河原温泉 万葉の湯 町田	とうきょうゆがわらおんせんまんようのゆまちだ	044
ときわ健康温泉	ときわけんこうおんせん	108
戸越銀座温泉	とごしぎんざおんせん	111
豊島園 庭の湯	としまえんにわのゆ	054
TOTOPA 都立明治公園店	ととぱとりつめいじこうえんてん	120

【な行】

中之郷温泉 やすらぎの湯	なかのごうおんせんやすらぎのゆ	103
中延温泉 松の湯	なかのぶおんせんまつのゆ	111
ヌーランドさがみ湯	ぬーらんどさがみゆ	114

【は行】

はすぬま温泉	はすぬまおんせん	114
氷川郷麻葉の湯 三河屋旅館	ひかわごうあさはのゆみかわやりょかん	032
檜原温泉センター 数馬の湯	ひのはらおんせんせんたーかずまのゆ	095
深川温泉 常盤湯	ふかがわおんせんときわゆ	107
ふるさとの湯	ふるさとのゆ	102
ぽかぽかランド鷹番の湯	ぽかぽからんどたかばんのゆ	109
星のや東京	ほしのやとうきょう	008
ホテル椿山荘 東京	ほてるちんざんそうとうきょう	020
洞輪沢温泉	ぼらわざわおんせん	103

【ま行】

前野原温泉 さやの湯処	まえのはらおんせんさやのゆどころ	052
松が下雅湯	まつがしたみやびゆ	101
ままし た温泉	ままし たおんせん	100
御谷湯	みこくゆ	106
武蔵小山温泉 清水湯	むさしこやまおんせんしみずゆ	110
名水天然温泉 SPADIUM JAPON	めいすいてんねんおんせんすぱじあむじゃぽん	071

【や行】

ゆ～シティ蒲田	ゆーしてぃかまた	115
YUURO Bath-Living Hotel Ryogoku	ゆーろばすりびんぐほてるりょうごく	121
由縁別邸 代田	ゆえんべっていだいた	018
湯の浜露天風呂	ゆのはまろてんぶろ	100
ゆ家 和ごころ 吉の湯	ゆやわごころよしのゆ	110
よみうりランド眺望温泉 花景の湯	よみうりらんどちょうぼうおんせんかけいのゆ	076

【ら行】

ラビスタ東京ベイ	らびすたとうきょうべい	017
竜泉寺の湯 八王子みなみ野店	りゅうせんじのゆはちおうじみなみのてん	082
両国湯屋 江戸遊	りょうごくゆやえどゆう	122

Epilogue

あとがき

実は私、もともと入浴が苦手で、若い頃は湯船に浸かることを面倒に感じていました。それなのに、こんなに温泉にハマることになるとは、自分でもいまだに不思議です。温泉めぐりをはじめて、気づいた時には肩こりや腰痛、体の不調がなくなっていたし、子育て期には幼い息子と一緒に温泉をめぐるのが楽しくて、今や家族共通の趣味として、日常的に温泉ライフを楽しんでいます。家族がいつも笑顔で健康なのは、温泉のおかげに違いない、と心から温泉に感謝しています。

温泉をめぐり紹介する活動に加えて、温泉に関する調査研究にも取り組んでいます。私がなぜ温泉にハマったのか、それを紐解くと、そこには「感動体験」があったから、だと気づきました。

それを証明するため、今「Awe体験」を通じて温泉がどのような効果をもたらすか、という研究に参加しています。「Awe体験」とは、わかりやすく言うと「感動体験」です。ポジティブ心理学の分野で、Awe体験は、ストレスの減少、死亡リスクの低下、創造力アップ、仕事効率の向上、メンタル安定などの効果をもたらすと言われていることから、温泉地でのAwe体験でどのような効果が得られるのかを調査する研究を企画しています。

これにより、〝温泉が体に良い〟ことを、さらに具体的にお伝えできるようになると期待しています。「温泉が体に良いとはいっても、温泉に行く時間もお金もないし…」という方は本書を熟読して、お近くですぐに行ける、お手頃価格の温泉に、どうか足を運んでみてくださいね。

この本を仕上げるために、多くの方にご協力いただきました。まずは、この本の企画書をひとめ見てすぐに「うちでつくりましょう」とご快諾くださった後尾和男さん、そして実際の制作場面で最後まで丁寧に導いてくださった中田薫さんに、心からの感謝を送ります。

また、お忙しいなかインタビューに応じてくださった中央温泉研究所の滝沢英夫さん、取材にご協力くださった各施設のご担当者さま、観光課のご担当者さまにも、大変お世話になりました。予定よりも仕上がりが大幅に遅れてしまいましたが、皆さまのご協力のおかげで無事に完成させることができました。ありがとうございます。

そして、いつも応援し見守ってくれる夫と息子に、この場をお借りして感謝の意を伝えたいと思います。家事もほぼ任せっきりで没頭することができたのは、とても幸せな体験でした。

最後に、本書を手に取ってくださったすべての方に、心よりお礼申し上げます。最後までお読みいただき、ありがとうございました。

2025年3月吉日　渡部郁子

温泉ナビゲーター養成講座のご案内

温泉が好き、もっと温泉のことを知りたい！　温泉地で働いているので、温泉の魅力をお客さまに伝えられるようになりたい！

温泉施設で働いていると、お客さまから温泉のことを聞かれて答えに困る……。そんなみなさまに、温泉のことを、もっと気軽に短時間で学んでいただける資格講座があります。

それが「温泉ナビゲーター養成講座」です。

温泉ソムリエ、温泉健康指導士、温泉観光実践士など、温泉に関連する資格講座は数多く存在します。どれもボリュームのある講義が魅力ですが、働く方々にとってはなかなか受講が難しいものもあるのではないでしょうか。そこで、温泉分析書を読み解くための重要な講義を90分間の動画にまとめ、いつでも好きなタイミングでオンラインで受講できる講座ができました。受講後、簡単な課題を提出していただくと、温泉ナビゲーターの資格を取得できます。

温泉ナビゲーターとは、
- 温泉分析書を読み解くことができる
- それぞれの温泉の特徴や違いを明確に伝えることができる
- 温泉の特徴を理解し、より良い活用方法について提案できる
- 温泉地の魅力をPRできる

そんな人材を育成する講座です。※SSI認定「日本酒ナビゲーター」をセットで受講するコースもあります。

温泉ナビゲーター養成講座（温泉ソムリエ協会公認）

観光業向け人材育成ページよりオンラインで受講可能です（https://x.gd/Scpzj）

【料　金】日本酒＆温泉ナビゲーター養成講座／20,680円（税込）
　　　　　温泉ナビゲーター養成講座／10,780円（税込）

参加者募集中

日本酒＆温泉を学ぶ
－動画視聴と課題提出で資格認定－

日本酒＆温泉ナビゲーター養成講座

温泉と日本酒の基礎知識を学ぶ講座です。受講後、ナビゲーター資格を認定します。
（※日本酒…SSI認定、温泉…JQ認定）

オンライン動画講座（2講座合計154分）

気軽に寄りたい温泉から特別な日に行きたい温泉まで

東京湯泉ナビ
TOKYO ONSEN NAVIGATION

2025年4月5日　第1刷発行

著　　者	渡部郁子
発 行 人	後尾和男
発 行 所	株式会社パワー社

【本　　社】〒162-1811　東京都新宿区水道町2-15 新灯ビル
TEL.03-3972-6811／FAX.03-3972-6835
https://powersha.co.jp
e-mail：info@powersha.co.jp

印 刷 所　新灯印刷株式会社

ⒸIkuko Watanabe 2025 Printed in Japan
ISBN978-4-8277-1368-8
※定価はカバーに表示してあります。
※落丁・乱丁の場合は小社にてお取り替えいたします。